柔力球教程

周丽　主编

北京体育大学出版社

策划编辑：孙宇辉
责任编辑：孙宇辉
责任校对：陆继萍　刘艺璇
版式设计：中联华文

图书在版编目（CIP）数据

柔力球教程 / 周丽主编. -- 北京:北京体育大学出版社, 2021.4（2025.8重印）
ISBN 978-7-5644-3019-1

Ⅰ. ①柔… Ⅱ. ①周… Ⅲ. ①球类运动—教材 Ⅳ. ①G849.9

中国版本图书馆CIP数据核字(2018)第183865 号

柔力球教程　　**周丽　主编**

出版发行：北京体育大学出版社
地　　址：北京市海淀区农大南路1号院2号楼2层办公B-212
邮　　编：100084
网　　址：http://cbs.bsu.edu.cn
发 行 部：010-62989320
邮 购 部：北京体育大学出版社读者服务部 010-62989432
印　　刷：北京科信印刷有限公司
开　　本：710 mm × 1000 mm　1/16
成品尺寸：170 mm × 228 mm
印　　张：15
字　　数：231千字
版　　次：2021年4月第1版
印　　次：2025年8月第2次印刷
定　　价：55.00元

编 委 会

编者的话

2008年，举世瞩目的北京奥运会圆满成功，极大地激发了人民群众对体育运动的热情，增强了全社会的体育意识，营造了浓厚的体育氛围，进一步夯实了中国体育的社会基础。2017年，中华人民共和国第十三届运动会增设柔力球运动作为群众竞赛项目，这不仅有力推动了柔力球项目的发展，也对进一步弘扬民族优秀文化，推广与普及中华民族优秀体育项目起到了重要作用。

“太极”是华夏文化的重要组成部分，太极运动是我们华夏祖先将“太极思想”这一宇宙大理，以肢体语言的表现形式，展示出来的一种独特的健身方式，如太极拳、太极扇、太极球等运动形式。柔力球运动正是这种太极类运动项目的杰出代表。

柔力球起始于我国20世纪90年代初期，它是一项内外兼修的运动，追求的是人与自然、人与人、人与球的和谐统一，具有鲜明的民族特色，是一项集民族性、娱乐性、观赏性、竞技性于一体的体育项目。这项新兴的体育项目在20多年的时间里，逐步走出国门，以它那独有的魅力吸引着越来越多的体育爱好者。柔力球之所以有这么大的魅力，正是由于它具有民族特色和较强的观赏性、娱乐性。

在本书的编写过程中，我们参阅了大量有关柔力球的最新书刊和网络资料。各位编者在多年教学训练的基础上，结合当前柔力球最新的理论研究，整理出了一部教学实践研究教材。此教材的完成，丰富了我国民族传统体育教学内容，完善了民族体育理论技术体系，对进一步促进柔力球在国内外的发展与普及，具有深远的意义。

编委会

2020 年 12 月

目录
CONTENTS

第一章

柔力球概述

【本章导读】 柔力球运动是一项新兴的体育项目，具有浓郁的中华民族特色，有较强的竞技性和较高的健身娱乐价值。它吸取了民族传统体育太极拳的精髓，融合了太极拳的运动方式和现代竞技体育的运动特征，是一项集民族性、娱乐性、观赏性和竞技性于一体的新兴体育项目。自向社会推出以来，该项运动就得到了飞速发展，其技术和规则也得到了规范。那么柔力球运动是怎样产生的？它经历了哪几个发展阶段？本章将柔力球运动的产生与发展的全过程，划分为4个阶段：初始阶段、推广阶段、发展阶段和规范阶段。

【教学目标】 1. 认识和了解柔力球的产生和发展。

2. 掌握柔力球发展过程的4个阶段和各阶段的特点。

第一节 柔力球的产生

柔力球运动是一项新兴的体育项目，以迎、引、抛为技术环节，包括套路演练和隔网竞技等运动形式，它充分体现了太极运动“以柔化刚、以退为进、顺敌之势、化敌之力、引进合出和借力打力”的核心思想，反映了太极拳“完整连贯、自然流畅”的特点。

一、柔力球运动的起源

柔力球运动起源于 20 世纪 90 年代初期，是山西省晋中市卫生学校（现为山西医科大学晋中学院）白榕教授发明的一项太极化的球类运动。白榕教授从小热爱体育，毕业于山西大学体育系，后被分配到山西省晋中市卫生学校任教。1987 年我国恢复了停止多年的拳击运动，再次点燃了白榕教授的冠军梦，他开始从事拳击教学和训练。而所有的拳击教练要面对的难题，就是如何解决拳击实战训练中的运动损伤问题，保证拳击运动员健康、安全地训练。白榕教授想了很多方法来解决在实战训练中拳击的击打力过强的问题，最后，他将排球的球胆放入掏空的拳击手套中，再给球胆充满气，使拳击手套成了一个气囊，这样可以有效地缓冲拳击的击打力。但是，在使用中他发现球胆体积太大、重量太轻，于是他又给球胆注水，这样就使拳击手套的重量和外形更接近于实际，大大降低了拳击的击打力，较好地解决了实战训练与运动损伤的矛盾，提高了训练效率。

白榕教授在制作安全拳击手套时，发现气水囊不跑也不跳，好接又好抛，开始他用洗脸盆抛接着玩，然后用单把的炒锅抛接，最后他用铁皮做出了像炒锅一样的弧面球拍，并用其抛接。在抛接熟练以后，白榕教授发现用球拍凸面迎球，没法击打，据此他想到将球拍中间做成一个软面，使球拍的两面都能形成凹面接球，从而形成了这项运动的雏形。人们打球时划出的是一个接一个的弧线，动作轻柔无声，很像太极拳的动作；人们接球时以柔化刚、引进合出、借力打力，符合太极运动的原理，所以柔力球是一种太极化的球类运动。

二、“柔力球”名称的界定

（一）太极娱乐球

1991年底，白榕教授经过多次试验改进，发明了柔力球运动，并将其命名为“太极娱乐球”。同年，他完成了“太极娱乐球”和“球拍”两项设计，向国家专利局申请了发明专利，并获得了批准。白榕教授在申报国家专利时使用的是“太极娱乐球”这一名称，表明他将该项目定位为健身娱乐的大众体育项目。

（二）太极柔力球

1992年，白榕教授与一众体育专业的学者一起成立了柔力球项目创编组。在中华全国总工会的大力支持和柔力球项目创编组的努力下，此项目于同年正式向社会推出。柔力球项目创编组认为该项目的打法类似于太极拳的“以柔化刚”，所以借鉴并保留了“太极”这个名称，便于今后推广，但因为“娱乐”二字过于通俗，就改为带有“柔软中蕴含力量”这一含义的名称，即“太极柔力球”。在柔力球运动的初创期，这个命名起到了积极的推广作用，很多运动爱好者因为熟知太极拳而对柔力球运动有了初步了解。该创编组又在以前柔力球理论的研究基础上，借鉴武术、舞蹈、羽毛球、网球和乒乓球等项目的特点，通过不断地实践和探索，逐渐创制柔力球的理论基础，使柔力球具备迎、引、抛的技术环节，并以套路演练、游戏活动和隔网竞技为主要运动形式。套路演练有单人自选、双人自选和集体自选等形式；游戏活动有个人自抛自接、两人对抛、多人互抛及两人隔网抛接游戏；隔网竞技有男女单打、男女双打、男女混合双打和团体竞技比赛。几年来，在大家的共同努力下，规范了柔力球的技术动作，设计了多种娱乐方式和正式竞技比赛法，完成了《竞赛规则》《柔力球》的编写和教学录像带的制作工作。

（三）柔力球

一是项目自身的发展需要重新定位，在名称上是继续依附于太极运动这一系列，还是另辟蹊径，重新走出一条适合柔力球发展的新路？这一问题日益显露，而且名称的最终确定也对柔力球这一项目的归属起到了至关重要的作用，同时项目的归属直接影响柔力球基本概念的界定。二是2003年该项目被推广到国外之后，名称问题引起了很大的争议，一些国外的运动爱好者认为“太极柔力球”5个字具有一种神秘感，并认为如果自己没有太极拳基础，是学不会这一项目的，这给柔力球在国外的推广造成了很大的阻碍。鉴于此，该项目产生了套路和竞技两种表现形式，同时套路中包含的武术风格、舞蹈风格、太极风格等，极大丰富了柔力球的运动内涵，并不断突破了太极运动的框架。为了摆脱太极运动这一概念对柔力球发展的限制，并全面创新该项目，2004年中国老年人体育协会（以下简称中国老体协）去掉“太极”二字，将该项目正式命名为“柔力球”。这一做法使柔力球和太极运动由以前的隶属关系变为并列关系，并得到了当时大多数专家的认可，是柔力球发展史上的一次重大变革。

柔力球的项目名称先后经历了3次更改，应该说每次更名都体现了项目发展的需要，大家也从每次更名中看到了项目发展的历史轨迹和时代需求。

本部分强调柔力球与太极运动的并列关系，并不是否认柔力球来源于太极运动的思想和原理。相反，我们应该清醒地认识到，虽然去掉“太极”两字，但柔力球的“根”还是太极，该运动的每招每式都是强调划圆划弧，实质和精髓仍是强调太极运动的思想和原理。太极运动的思想中的“以柔化刚”“借力打力”正是柔力球的本质特征。

在柔力球的套路运动中，它的技术要求是动作柔和、舒缓、轻灵、沉稳，处处带有弧形，式式连绵不断；它的运动特点是心静体松、呼吸自然，轻灵沉着、柔和连贯，上下相随、虚实分明，柔中寓刚、以意导动。

它不仅具有良好的强身健体、防病祛病、延年益寿的功效，而且具有陶冶性情、修身养性的功能及独具特色的技术理论，因而深受广大人民群众的喜爱。柔力球蕴含着丰富的中国优秀传统文化的内涵，它植根于传统哲学、中医学、兵法学、养生学、伦理学和美学等古典文化的基础上，并逐渐构建了自身的文化理论体系。柔力球在形成和发展的过程中所吸收和应用的哲学思想，充分证明了中国传统哲学的无穷魅力和奇光异彩。

随着体育运动的广泛开展，柔力球的发展已呈现出“百花齐放”和“百家争鸣”的态势，各种技术风格层出不穷。例如，套路上出现了太极化、武术化、舞蹈化、体操化等多种表现风格，柔力球逐渐形成了从只有竞技练习形式到竞技与套路齐头并进的发展态势。

第二节　柔力球产生的文化渊源

一、历史溯源

中国是一个历史悠久的文明古国，在一代又一代人所创造的优秀传统文化遗产中，包含了精彩纷呈、无比丰富的传统体育文化，而太极运动就是其中典型的中国传统体育项目。“太极”思想在我国典籍《老子》中就已见端倪，在《周易》中也频频出现。“太极”思想对中华民族的思维方式、行为规范、军事谋略、语言风范甚至书法运笔，都有重要的影响。在这一思想指导下的体育运动古已有之。早在宋明时期，我国就出现了专为体现“太极”这一“宇宙大理”的肢体运动，它对促进中华民族的体质健康做出了重要贡献。

《周易》是中华优秀传统文化的重要组成部分，其太极阴阳学说是中国传统哲学的根本。《周易》的哲学思想内涵丰富，其核心思想是“阴阳”理论和太极学说，它主张用统一的、进化的、互补协调的观点看待万事万物，认为阴阳是化生万物的基础。

太极分阴阳，万物均有阴阳两重性；太极为一圆，阴阳圆中生，方为合太极，太极就是万物的本源。太极为变化之道，观天体运行，四季转换，昼夜交替，往返无端；纵观历史，社会变更，滚滚向前，无有始终；横观人生，七情六欲，生老病死，变化无常。宇宙为一大太极，人体为一小太极，天地人三才，日月星三耀，无不遵循太极阴阳变化的总规律。《周易·系辞上》中有句很有哲学抽象意义的话，就是“一阴一阳之谓道”，它明确指出太极为万事万物变化之大道，拳道即命，太极之理即拳道之理。太极拳就是根据《周易》的阴阳互体、阴阳互根、阴阳对称、阴阳转化、阴阳平衡等观点来构思动作中刚柔相济、开合相寓、虚实互根、快慢相间、内外兼练等一系列理论。柔力球是在人们普遍崇尚休闲、追求健身的新历史时期，应运而生的一项太极化的球类运动，这种运动是“变化”的技巧，是圆的艺术，是以退为进、以柔化刚、以巧击蛮、以小胜大、以弱胜强的典型代表。这种运动能够启发和引导人们在当代社会中调节自己的情感，保持平和的心态，全面、宏观地处理问题。

二、文化内涵

（一）圆的运动

在中华优秀传统文化中，“圆”是世界万事万物无穷运化的本源，是生命和物质世界生生不息、循环发展的自然轨迹，“圆”同时也是太极肢体运动的核心思想。在这种思想指导下的运动，要求运动者的内心、身法和用力无处不圆。柔力球运动圆润流畅、环环相扣、势势相连、绵绵不断的运动特点，都与自然之道相合，与中华民族素来追求的和谐自然的生活理念相一致。

（二）中道

“中正”和“中庸”，也是中国传统文化中的重要哲学思想。做事不能过度，也不能不及，要执其两端而用中，才能达到不动不乱的境界。在柔力球运动中，竞技比赛的攻防动作都是通过圆弧运动完成的，所以控制好旋转中轴和身体的平衡就成了完成每个动作的关键。而在比赛中，最重要的技术要求恰恰就是中正平舒、圆润流畅，也就是柔力球运动处处守中正、处处求平衡的技术要求，这在无形中使我们在轻松愉快的运动中得到“中正”“中庸”传统思想的体悟和实践。

（三）以静制动

周敦颐所著的《太极图说》是道教《太极图》与儒家《周易》的结合。其云：“无极而太极，太极动而生阳，动极而静，静而生阴，静极复动。一动一静，互为其根。分阴分阳，两仪立焉。”指出了天地阴阳是由太极之一动一静而分立的，这说明动静观早在《太极图说》中就有了体现。正如张介宾在《类经图翼》中所说，“易者，易也，具阴阳动静之妙”。

《素问·天元纪大论》中有“所以欲知天地之阴阳者，应天之气，动而不息，故五岁而右迁；应地之气，静而守位，故六期而环会。动静相召，上下相临，阴阳相错，而变由生也。”名医任应秋先生在解释这段文字时说，动与静，为物体运动的两种不同形式。是说动固为动，静亦何尝不是动。又如《素问·阴阳应象大论》中，“故积阳为天，积阴为地。阴静阳躁，阳生阴长，阳杀阴藏，阳化气，阴成形。”其中静者，宁静也；躁者，躁动也，这就明确指出了动的性质属阳，而静的性质属阴。阳化气为升动之态，而阴成形为宁静之变，动是永恒的、绝对的，而静是暂时的、相对的，它们是包含于阴阳之中相对的两方面。

在中华优秀传统文化中，“静”的思想无处不在。“以静养生”“专气致柔”等见解屡见不鲜。柔力球运动不仅要求运动者在运动中做到人、拍、球三位一体，人拍合一，而且要求动作要连绵不断。运动者稍一分神，拍与球就会分离，运动则无法继续进行。柔力球运动要求运动者在身体不断完成缠绵柔和的太极动作的同时，心要保持静守于球的状态，这点正与道家修炼中“专气致柔”的要求不谋而合。

第三节 柔力球的发展

一、国内柔力球的发展历程

（一）中华全国总工会组织柔力球的发展历程

最初柔力球的名字为“太极娱乐球”，虽然该运动自身有一些特点，但因宣传力度不到位，加上打球方法单一，所以了解和参与练习的人群很少，其社会影响力不大。后来，柔力球项目创编组将这项运动正式改名为“柔力球”并向社会推广，当年出版了第一部柔力球技术教材和竞赛规则，为柔力球的进一步发展打下了坚实的基础。柔力球推出后，中华全国总工会给予了肯定和大力支持，并积极参与指导柔力球项目创编组的全面工作。柔力球项目创编组于 1993 年参与第二届中国·永年国际太极拳联谊会，并组织中国农民体育协会干部柔力球培训班，这一举动不仅得到了有关部委领导的认可，还吸引了广大柔力球爱好者的积极参与。在 1993 年全国职工大众体育创编项目展示中，该项目被评为“优秀创编项目”。1995 年，在中华全国总工会的领导下，柔力球项目创编组重新修订了柔力球技术教材和运动竞赛规则。1996 年，经中华全国总工会和国家体育运动委员会（现为国家体育总局）批准，柔力球被列为第三届全国工人运动会的正式比赛项目，共设男女团体、男女单打、男女双打等 7 个项目，比赛取得了圆满成功。

柔力球项目在发展初期，通过不断培训教练员[①]、运动员、社会人员、大学生和中小学生等人群，扩大了柔力球的受众群体；通过参与展览会、博览会、展示会、汇报会和联谊会，不断展示柔力球独特的运动特色；通

① 根据教学情景的不同，本书使用“教师”“学生”和“教练员”“运动员”两种称呼。

过走向社会，如走进社区、学校、工厂、农村等来扩大社会影响范围；通过组织展示赛、公开赛、职工比赛、群众比赛和工人运动会等竞赛形式，来展现柔力球的魅力，逐渐形成比较完整的柔力球培训、展示、比赛等推广模式。同时，柔力球在发展过程中逐渐形成了一个比较完整的运动技术体系。因为柔力球易学、易练，器材设备简单、经济实惠，场地要求灵活多样又不受天气的影响，所以在推广阶段收到了良好的效果。

（二）中老年人组织柔力球的发展历程

柔力球在推广初期得到了社会的大力支持，收到了良好的推广效果。2000 年，中国老体协在工作会议上决定要在全国大力普及和推广柔力球。中央电视台《夕阳红》栏目是探究老年人科学健身方法的电视节目，在发现柔力球的特点和魅力之后，它正式成立了柔力球运动指导委员会，并将柔力球作为该栏目组的重点项目加以宣传。中国老体协成立了柔力球推广办公室，为该项目的推广、培训和发展，以及后来柔力球项目的繁荣和壮大，做出了不可磨灭的贡献。柔力球推广办公室建立柔力球项目服务体系，成立柔力球推广小组和柔力球科研专家团队，编写柔力球系列教材，拍摄《柔力球教与学》大型教学片，并通过《夕阳红》栏目和中央电视台节目做媒体宣传推广，根据老年人的生理和心理特点，修改、制订中老年柔力球竞技比赛和柔力球表演赛规则。2002 年，北京、江西和陕西等地先后举办了五次全国柔力球教练员和裁判员培训班。2003 年，全国掀起了柔力球运动的热潮，上海、湖南、云南、甘肃和福建等地分别举办了培训班，扩大了柔力球的普及范围。自成功举办第一届全国中老年柔力球比赛之后，中国老体协每年都会举办一次全国中老年柔力球比赛，从未间断，比赛规模、参加人数、队伍不断变化。截至 2018 年，全国中老年柔力球比赛已成功举办了 17 届，社会影响大，成效显著。全国中老年柔力球比赛概况如表 1-1 所示。

表 1-1 全国中老年柔力球比赛概况

历届	时间	地点	参赛人数/人
第一届	2002 年	北京	500
第二届	2003 年	上海	900
第三届	2004 年	新疆巴州	700
第四届	2005 年	云南玉溪	1500
第五届	2006 年	河北廊坊	1000
第六届	2007 年	陕西汉中	800
第七届	2008 年	河南安阳	800
第八届	2009 年	云南昆明	500
第九届	2010 年	山西晋中	560
第十届	2011 年	广东深圳	500
第十一届	2012 年	四川德阳	400
第十二届	2013 年	黑龙江哈尔滨	780
第十三届	2014 年	广东广州	964
第十四届	2015 年	浙江杭州	900
第十五届	2016 年	广东广州	1011
第十六届	2017 年	江西婺源	1000
第十七届	2018 年	北京	220

（三）教育部门和有关机构组织柔力球的发展历程

1995 年，柔力球通过了中华人民共和国国家教育委员会（现为中华人民共和国教育部）全国中小学体育教学改革指导小组和全国高等学校体育教育指导委员会的评定，他们认为该项运动符合学生的身心发展特点，是一项很好的选修教学内容，同时他们建议在全国大中小学课外体育活动中开展此项运动。此外，他们指出，有条件的学校可以将其作为九年义务教育中民族传统体育部分的选用内容来使用，待条件成熟后也可逐渐将其列为一项学校体育比赛项目。自此揭开了学校发展柔力球的序幕。

2003 年，北京市 21 世纪体育教材编委会将柔力球项目列入中小学体育课选修教材。到目前为止，全国已有北京体育大学、郑州大学、沈阳体育学院、华中师范大学、武汉理工大学等高校相继开展了此项运动。自 2003 年柔力球运动作为公共体育课的授课内容以来，已有 2000 余名学生通过各种形式参加该项运动。

2017 年，国家体育总局办公厅印发了《中华人民共和国第十三届运动会群众比赛项目竞赛规程总则》，柔力球比赛项目首次被列入。同年，第十三届全运会群众比赛项目柔力球预赛在山西省晋中市隆重开赛，柔力球项目分为花式项目和网式项目两大类：花式项目设花式集体套路、花式双人自编套路、花式单人自编套路；网式项目设网式男子单打、网式女子单打和网式混合双打，共 6 项比赛。

因为柔力球易学、易练，使用的器材设备简单、损耗率低，活动时受天气因素的影响较少，所以推出后很快得到推广。我们可以将其发展过程分为初始阶段、推广阶段、发展阶段和规范阶段（如表 1-2）。

表 1-2　柔力球的发展过程

阶段	时间	发展特点
初始阶段	1991 至 1992 年	1991 年正式完成“太极娱乐球”和“球拍”的设计，申请专利并获得批准 1992 年成立柔力球项目创编组，该创编组正式将这项运动命名为“柔力球”，并向社会推广。同年，第一部柔力球运动技术教材和竞赛规则问世
推广阶段	1993 至 1995 年	1993 年，在全国职工大众体育创编项目展示活动中获“优秀创编项目”奖。同年，开始在中华全国总工会系统内展开培训工作和比赛活动 1995 年在中华全国总工会的领导下，柔力球项目创编组重新修订了柔力球运动技术教材和运动竞赛规则，柔力球首次成为高校（山西财经大学）公共体育课的教学课程之一

续表

阶段	时间	发展特点
发展阶段	1996 至 2006 年	1996 年正式成为全国大型综合运动会（第三届全国工人运动会）的正式比赛项目 1999 年首次成为省级（湖北）综合运动会的正式比赛项目 2000 年系列教学片在中央电视台《夕阳红》栏目向全国播出。同年，中国老体协修订了柔力球老年竞技比赛和套路比赛的竞赛规则 2002 年至 2006 年中国老体协举办了 5 届全国中老年柔力球比赛，每届都有近千名运动员参加，在全国掀起了柔力球运动的高潮，吸引了其他国家和地区的人的关注和参与
规范阶段	2007 年至今	成立和完善柔力球运动协会，统一认知、调整思路，定期举办全国柔力球比赛，柔力球登上全国运动会竞技平台，研讨和统一专项技术与理论建设，规范教材，成立国际柔力球运动联合会，全面开展在大中院校的推广工作

二、国际柔力球的发展历程

经过多年的不断改进，柔力球已初步形成了一个完整的运动技术体系，并且该运动技术体系随着运动项目的不断发展而日渐完善。

一项新兴的民族体育项目，既是民族的也是世界的。柔力球吸引了世界上许多爱好者的参与，他们对这项运动产生了浓厚的兴趣，并积极、努力地练习。目前，欧洲、亚洲、大洋洲和美洲等地的 20 多个国家和地区相继开展了柔力球活动，并成立了相应的专业协会。其中，日本和欧洲的一些国家开展的规模较大。日本大阪在 2006 年和 2007 年，先后两次举办了全国性的柔力球比赛；德国、法国、意大利、荷兰等 10 个国家，在我国山东青岛建立了柔力球培训基地，并常年派专业人员来基地接受培训。2006 年 5 月，国际柔力球邀请赛在我国北京成功举办；2006 年 10 月，欧洲柔力球锦标赛在德国举办；2007 年 6 月，在我国澳门举行了海峡两岸暨香港、澳门柔力球邀请赛；2007 年 9 月，欧洲柔力球锦标赛在奥地利举办。

三、郑州大学体育学院（校本部）柔力球的发展

郑州大学体育学院（校本部）高度重视开展高校体育活动，响应高校体育教学改革、高校体育向“快乐体育”发展的要求，遵循“健康第一”的指导方针，于2012年将柔力球运动引入学校，先后在体育学院开设了《柔力球》必修课程，和公共学院的《柔力球》选修课程，在全校范围内推广。

郑州大学体育学院（校本部）作为河南省第一所引进柔力球运动的高校，对柔力球课程的开设与项目发展十分重视。2012年10月，该高校成立了柔力球代表队，选拔人员集中训练。在周丽教授的带领下，柔力球代表队于2012年11月第一次参加全国柔力球比赛，并取得了优异的成绩。

郑州大学体育学院（校本部）从引进柔力球到2018年3月为止，体育学院柔力球必修课人数达2000多，公共体育柔力球选修课人数达3000多。

仅在常规体育课上课时间进行柔力球训练，这远远不能保证学生们完成全国赛事的比赛任务。为了保证训练时间、完成比赛任务，体育学院的学生利用周一至周四晚上9点至10点半、周日下午2点以后的时间进行集中训练，学校也定期邀请外校柔力球队来交流学习，以便增长经验，这也反映出了柔力球在高校学生中的受欢迎程度。

2016年，在国家体育总局社会体育指导中心、全国柔力球推广委员会的大力支持下，全国高校柔力球训练班在郑州大学体育学院（校本部）举行。来自全国高校的120多名师生参加了培训，通过5天的学习，培训班学员在理论与技术方面都得到了提高，这为进一步促进柔力球运动在全国的推广与普及，做出了积极的贡献。

第四节 柔力球的内容与分类

一、柔力球的概念

柔力球是以太极、网球等项目的运动原理为理论基础，以迎、引、抛为技术环节，以套路演练和隔网竞技等为主要运动形式，注重内外兼修，具有鲜明的民族特色的体育项目。

二、柔力球的内容与分类

《周易》指出“太极者，圆加阴阳也，道之别谓也。天地之根，变化枢纽也。”太极拳秉承了这一哲学理念，形体动作以圆为本，一招一式均由各种圆弧动作组成，其形其势连绵起伏、动静相随、柔和连贯、变化无穷；体内则以意领气，运以周身，如环无端，周而复始。

按史料记载，太极拳是河南省焦作市温县陈家沟陈王廷在家传拳法的基础上，吸收众家武术之长，融合易学、中医等思想，创编出一套具有阴阳开合、刚柔相济、内外兼修的新拳法，命名为“太极拳”。其后在民间广为传播，我国开始出现诸多以“太极”为核心理念的健身运动。这种体现“太极”思想的肢体运动在以后漫长的历史中，对发展中华文明、促进中华民族的体质健康做出了重要贡献。

柔力球对中西哲学、运动理念和竞技规则进行了完美诠释。柔力球具备太极运动的核心理念，以退为进、以柔化刚，其基础动作以“圆”为核心，柔和连贯。同时，柔力球也吸纳了现代竞技体育的器材设备和运动方式，具有对抗性、胜负理念以及完善的竞赛规则。

经过多年的完善，柔力球已初步成了一个完整的健身项目，如今柔力球的内容已经超出了自身概念范围，项目内容也在发生着质的突破，在原有隔网竞技的基础上，产生了柔力球套路运动形式。近几年，柔力球又逐步形成了多种竞赛形式和健身手段。

根据柔力球的形式和竞赛内容，我们将柔力球的内容分为如下两大类。

（一）花式柔力球

（1）按套路形式分：规定套路和自编套路。

（2）按套路风格分：操类、舞蹈类、武术类、太极类和技巧类等。

（3）按人数分：单人（如图 1-1）、双人（如图 1-2）和多人。

（4）按器材数量分：单拍单球、双拍单球和双拍双球。

（二）网式柔力球

（1）单打。

（2）双打。

（3）混合双打。

图 1-1 花式单人表演

图 1-2 花式双人表演

第五节　柔力球的原理

柔力球是太极化的新兴球类体育项目，在运动理念和运动形式上无不体现太极思想和太极运动的内涵，所以“太极”是这项运动的根本和生命。太极运动“以柔化刚、以退为进、顺敌之势、化敌之力、引进合出、借力打力”的核心思想，以及太极运动柔和连贯的动作特点，恰恰在柔力球中充分体现。现有的持拍体育项目，如羽毛球、乒乓球和网球等，都是利用运动员的身体力量带动球拍，向来球方向的相反方向运动，并瞬间将球击打出去，其技术特点是直接、快速、有力，在心理上体现的是一种宣泄和释放。而柔力球则是球拍在运动员身体的带动下，向来球方向的相同方向运动，其运动轨迹是弧线。通过运动员弧形引化，将来球之力和身体旋转之力结合，形成一个更大的浑圆完整之力，将球高质量、巧妙、精确地送出，这在太极运动中被称为“借力打力，后发制人”，它的技术特点是柔缓含蓄、刚柔相济。

柔力球在心理上提倡内敛，主张动静和收放的平衡。持拍类运动项目的共同之处是以运动员的身体带动球拍，改变球的运动轨迹，不过各项目所采用的方法、手段不同。柔力球球拍控制球有一个较长的过程，在这个过程中，运动员可以在划弧的不同阶段选择向不同方向和角度出球，声东击西，使对方难以判断。

柔力球既保留了太极思想和太极运动具有的神韵，又融入了羽毛球、乒乓球、网球等体育项目的竞赛形式，体现了体育运动的娱乐性、观赏性和竞技性。同时，它在表演赛中将民族传统的武术、舞蹈、杂技与现代的艺术体操、现代舞等项目有机结合，形成了一种独具太极特色、人球和谐、神形兼备的表演形式。

一、柔力球的三个技术环节

（一）迎

当球飞来时，运动员手持球拍，对着来球方向伸拍迎球，如图 1-3 所示，点 A 到点 B 之间的连线为迎球过程，球拍与来球相对运动，这样运动员不仅有了充分的缓冲距离和入球时间，也为引球过程做好准备。

（二）引

在球快入球拍时，球拍顺着球的运动方向和轨迹相向运动，如图 1-3 所示，点 B 到点 C 之间的连线为引球过程，当球拍与来球的速度接近时，应使球从球拍的边框处柔和地切入球拍，并在“引”的过程中，通过流畅的弧线运动，尽可能地将来球的力量引入抛球圆弧，使抛球过程获得更多的初速度，为抛球过程的开始奠定良好的基础。

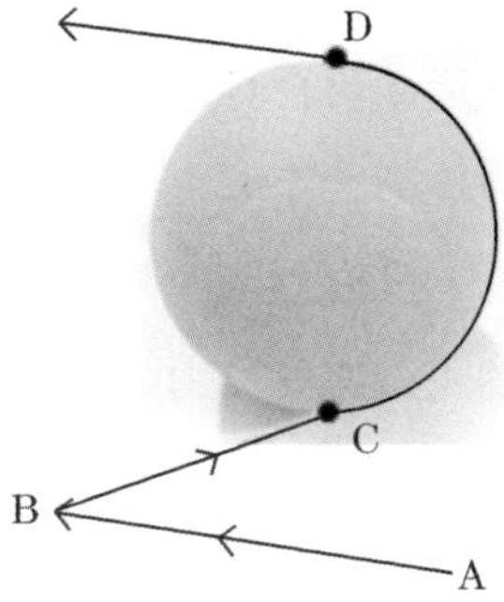

图 1-3　引化过程图

（三）抛

抛球过程是运动员的身体带动持拍臂进行一个同半径、同转轴、同平面的匀变速圆弧运动。如图 1-3 所示，C 点到 D 点之间的连线为抛球过程，它是将运动员身体的运动力与“引”球过程导入的来球之力合为一体，并将这个力在抛球过程的最初阶段作用于球拍和球，使它们沿抛球圆弧旋转，在离心力和向心力的作用下，球与球拍合为一体。当球拍挥旋停止和减速时，在旋转惯性的作用下（物理上称“惯性离心力”），球从球拍引化方向的边缘沿着引化圆弧的切线方向飞出。

迎、引、抛是弧形引化的 3 个技术环节，运动员既要准确反映各环节动作的不同特点，又要保证各环节的动作浑然一体。在抛球过程中，球拍的拍面应始终处于抛球圆弧的切线上，球保持在球拍的内侧。要在抛球的初始阶段用力，球拍与球在抛球圆弧中做匀加速或匀减速运动，在抛球过程开始后，不得再出现突然用力和改变原有弧线轨迹的情况。在球飞出球拍的瞬间，出球点的拍框外缘应与出球方向保持一致。

二、柔力球的力学原理

运动员不仅要将柔力球打得柔美、巧妙，还要使动作有力度、有刚性。

从柔力球的运行轨迹和动作要求上可以看出，它是在一条弧线上完成的均匀变速运动，柔力球的用力方法与田径运动中链球的用力方法相似，从运动员自身发力来讲，它的出球力量来自运动员身体旋转产生的惯性，惯性的大小取决于运动员身体带球拍旋转的速度，球拍是在一条连贯、光滑、没有拐点的弧线上运行，那么球拍在这条圆弧上的运动速度决定了球的飞行速度和力量。物理上将其称为“线速度”，它的公式：

$$V=\omega R$$

式中，V 为线速度，ω 为角速度，R 为半径。

由此可以得出这样的结论：线速度 V 与角速度 ω 和半径 R 成正比关系。为保障出球质量，运动员首先要掌握合理、规范的技术动作，理解太极运动“欲进则退、欲左而右、欲右而左”的发力要领。运动员根据来球方向使身体反旋，拧起劲力使身体的对抗肌尽量放松，主动肌最大限度地增加初长度，加大身体的弹性势能，为身体挥拍旋转蓄积强大的动能，从而使球拍在弧线运动中的角速度 ω 大大提高。在固定圆心、保持身体平衡的前提下，加大动作幅度，最大限度地增长转动半径 R，这样就有效地增加了做功距离。由于角速度 ω 和半径 R 的增大使线速度 V 得到了提高，球也随之获得了强大的出球惯性，从而加强了进攻力度和进攻效果，同时也使整个动作舒展大方、美观自然。

三、球拍、圆弧的对应关系

在“引化现象”表现为“大小都是弧、大小都是圆”的设定条件下，应特别注重球拍、圆弧之间的对应关系。在弧形引化中，拍面中心点应始终处于圆弧切点的位置，且应与弧形引化轨迹中的任意一点相吻合。如图1-4所示，在引化方向前侧的拍框边缘的正中点为引化先导点，在与其相对应的、处于引化方向后侧的拍框边缘的正中点为对应点，通过拍面中心点C将上述两点连接后形成连线AB，该连线与弧内圆心O和拍面中心点C的连线OC垂直，球拍触球面在弧形引化轨迹中，应始终对准弧内圆心方向。在出球阶段，运动员应将球拍沿着圆弧的切线方向运行，最后出球的瞬间，引化方向的拍框边缘应对准抛出方向。

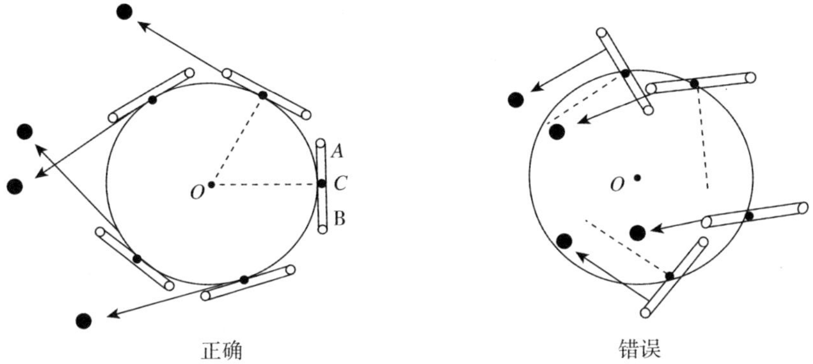

图1-4 球拍、圆弧的对应关系

鉴于上述球拍、圆弧的对应关系，在弧形引化轨迹中的任意一点上，当拍面与引化圆弧产生较大的角度并致使引化技术动作出现推、压、煽、抖、挑、扣等现象时，均视为错误的抛接球动作。

柔力球的运动方法和竞赛规则，都是围绕上述3大要素——力学原理、技术原理，及球拍、圆弧的对应关系而设立的，这是柔力球的基本理论，大部分的动作都是以运动员身体的冠状轴、垂直轴、矢状轴为轴心进行的旋转运动，还有一部分是有支撑点无实体轴或复合轴的运动。从理论上讲，在抛球过程中，圆心和半径不能突然改变，球拍与圆弧的对应关系不能发生错误。从视觉角度来讲，在出现上述错误时，动作是非常明显的，也是容易判断的。但是，运动员的所有动作都是在动态中完成的，不存在动作的绝对化，不能机械地理解柔力球的理论内容，要从实际、直观和可操作的角度认识它，并在训练、比赛和裁判工作中尽最大努力来规范动作。

第六节　柔力球的特点

柔力球是一项具有深厚文化内涵，融传统（太极）运动方式与现代竞技体育双重特征于一体，集娱乐性、观赏性和竞技性于一体的民族体育项目。该项目摒弃传统硬性击球的方式，以“弧形引化”触接球并顺势将球抛出为主要技术特征，借鉴和汲取太极拳运动中“刚柔相济、以柔化刚”的拳理拳技，以中国博大精深的优秀历史文化遗产为底蕴，形成了“先引后发、引进合出、借力打力”的基本运动思想。“弧形引化”不仅是柔力球的核心技术，也是该项目区别于羽毛球、网球、乒乓球等隔网竞技项目的标志之一。

柔力球从根本上改变了传统的硬性击球方法，它要求运动员顺着来球的方向和路线做出弧形引化，并连贯完成“迎、引、抛”3个技术环节，同时要求在迎球时球与球拍间不得出现撞击、折向、持球引化和二次发力等行为。柔力球调动的是人的智慧和运动潜力，充分展示了含蓄婉转、以柔化刚的巨大魅力，它一反现代运动以本能的、正面、直接、快速有力的行为方式取胜，而是以非本能的、反面、间接、缓中多变的行为方式战胜对手，在整个运动过程中，它处处体现着中国哲学的“辩证”思想。

一、“柔”之灵魂

俗话说“狂风吹不断柳丝”“齿落而舌存”“克刚易，克柔难”，这些都生动地说明了“柔”的价值和意义。“柔”是“刚”经过了千锤百炼之后升华发展的结果。柔能化力为刚，御敌制胜，“柔”正是柔力球这项运动的精髓。

二、“圆”之核心

圆是化解力量和凝聚力量的最佳选择，它可以在最短时间内获得最长的距离和最大的速度，它是力量的核心。柔力球所有的技术动作都是以圆为核心，人体在打球时是动态的，我们在训练和比赛中要尽最大可能使球拍控球的弧线过程保持在“一个圆心”“一个半径”“一个平面”的圆弧上，这样才能使动作有力度、有美感。

三、“退”之前提

柔力球的每个动作都是以退为前提，只有退的时机、方向、力量恰到好处，运动员才有可能顺利完成技术动作。有了合理的后退才能蓄积更大的力量，才能获得更全面的观察视角，更加理性、巧妙、准确地向前推进，以退为进是柔力球技术的重要环节。

四、“整”之根本

完整运力是柔力球之本，柔力球从入球到出球是由迎、引、抛 3 个技术环节组成的。各环节的运行轨迹始终是在一条连贯完整、自然流畅的曲线上，是不可分割的“一条弧线”。球入球拍后，运动员以两脚为支撑，双腿同时发力，将力量集中于腰部，由腰来带动躯干、手臂及手握的球拍和拍内的球，进行匀加速或匀减速的圆弧运动。运动员出球的快慢和力量大小都取决于其腿和腰带动的全身合力。在此过程中，运动员的手臂肌肉和关节并不单独发力，主要起到控制出球方向的作用。在练习中要特别强调“一个整力”，这是正确完成动作的关键。运动员在完成每个动作时都要周身协调、上下相随、浑圆一体、一气呵成，贯彻太极运动“一动全身皆动”的主导思想，打出柔力球特有的风格和韵味。

第七节　柔力球的健身功能

柔力球是一项极具健身价值的体育活动，将中国和谐自然的养生之道与西方公平竞争的体育观相结合，取长补短。柔力球的整个过程就是刚柔并重、缓急有致、形神兼备、充满趣味和高雅的艺术创造活动。在活动中，人体的全身关节、大小肌肉群相互配合，参与做功，该运动适宜不同年龄段的人群练习，尤其是中老年人。

一、强身健体的作用

柔力球是一项轻灵、柔和的运动，能够使身体各处得到活动，全面锻炼身体机能。一般经过 10 分钟练习后，身体便会发热，有微汗，经过 20~30 分钟练习后身体会不断排汗。因为这项运动不属于极限剧烈运动，所以不会给人尤其是老年人的心血管带来较重的负担。进行柔力球运动时，运动员的注意力必须高度集中在控球上，这可以帮助长期从事脑力劳动、身体出现局部疼痛者转移注意力，达到放松大脑、缓解局部疼痛的作用，还可以提高运动员的协调能力、反应能力。同时，迎拍、纳球、弧形引化等动作需要做得恰到好处，这样就能提升运动员控制肌肉的能力。柔力球运动是顺关节自然放松的圆弧运动，不需要肌肉群的爆发力收缩，运动员的关节和肌肉是在放松的状态下进行挥甩，这样会起到散瘀通络、牵引按摩的治疗作用。

在运动时，运动员需要头部摆正、肌肉放松、注意力集中、四肢关节不僵直也不过度弯曲，这样有助于全身静脉血液的回流，尤其是下肢不间断运动，能使下肢静脉保持其血液回到心脏所需的静脉压。对于动脉，有助于其保持一定的紧张度，消除中小动脉的痉挛，使血压恢复正常，从而降低心脏的负荷，有利于增强心脏功能。经常练习柔力球可预防血脂升高、血压增高、动脉过早硬化，加强心肌营养，使心脏收缩更有力，预防老年性心血管疾病的发生。此外，柔力球要求运动员全身放松，意守丹田，使头部和胸部虚灵，身体重心下移，身体下部充实，这不仅有助于减少老年人容易发生的头晕现象，还能加强通气功能，使血流加速，增强肺泡换气功能。

对于青少年来说，柔力球也不失为一项良好的协调练习。柔力球灵活多样的技术动作，要求运动员全身参与的整体运动形式，能够使青少年的身体得到全面均衡的发展；柔力球任运动员自由想象、随机创造的运动特点，以退为先、以静制动的反意识活动，可以大大促进青少年的多向思维、反向思维和创造意识的发展，使他们在锻炼身体的同时开发智力，提高学习能力和对新事物的接受能力。

二、调节身心的作用

如今科学技术飞速发展，生活节奏也不断加快，要求人的适应能力、接受能力、反应速度不断提高，这样就导致人们的身体、精神和心理保持高度紧张。社会的发展变化也不可避免地影响到在校学生，升学压力和就业压力导致学生的心理负担普遍较重，出现情绪烦躁、焦虑、失眠等情况。医学研究表明，对于精神忧郁者而言，首先要解决的是睡眠问题，提高睡眠质量的最好方法就是进行有规律的运动，从而舒缓紧张情绪和释放精神压力。柔力球的动作轻灵、柔和，时刻追求一种人与人、人与球、人与自然的和谐，是在音乐伴奏下进行的有节律的运动。该运动可以引导运动员如何认识矛盾、化解矛盾，变被动为主动。运动员通过重复训练会逐渐形成理智大度的品格和巧妙应对、谦虚好学、与人为善的处世之道。

在当今社会，要想让青少年健康成长，首先要使他们有健康的心理，这包括积极乐观的心态、理智稳重的个性以及良好的心理承受能力，这样他们才能更好地完成学习任务，更好地与他人交流，更好地融入社会、适应社会的发展。

三、平衡气血的作用

中国传统医学认为人体阴阳的任何一方出现不平衡的“偏盛”“偏衰”，都会导致人体生理功能的紊乱进而引发疾病。现代医学证明，良好的情绪能调动人体的潜力，提高人体自身的免疫力，激发人体各器官的自我调节和控制能力。柔力球是一项轻灵、柔和的运动，在练习时，人体放松的肌肉在肢体的带动下有规律地扭动，使周身气血流通，筋络舒活，积郁减轻，人体的五脏六腑、全身各关节和肌肉都能得到锻炼。在柔力球的练习过程中，球拍内随时要控制一个小球，所以在打球过程中运动员的注意力完全集中在控球上，运动器官活跃兴奋。经常处于这样的状态，自然可以使我们忘却病痛，摆脱病态心理，增强战胜病痛的自信和勇气。人类在进行快乐运动时，大脑的运动指挥区域高度兴奋，大脑皮质的其他区域能处于一种保护性的抑制状态，使紧张的精神得到休息和调整，从而使人的气血平衡。

四、改善循环，防病治病的作用

柔力球的要领包括“上虚下实中间灵”“松腰活胯”，腰为主宰，牵动全身活动，运动员肢体的每个动作都是通过腰腹转动运力完成的。这样的运动方式，可以很好地按摩到人体的内脏器官，所以练习柔力球不仅能有效锻炼人体的骨骼肌和心肌，也能有效锻炼内脏器官的平滑肌，增强胃肠蠕动和消化液的分泌能力，减慢唾液淀粉酶的下降速度，从而保证了人们有良好的食欲和消化能力，使人体所需的营养和能量得到及时补充，肠道的毒素得到及时清除，从而避免胃肠扩张、胃下垂、胃炎、消化不良、便秘等病症的发生，人人提高人们的生活质量和健康水平。

运动员在柔力球运动中，不仅大肌群参加活动，而且全身各部分的小肌群也协同参加，如旋转、划圆，始终保持周身活动状态和对肌肉关节的合理刺激与锻炼。这样不仅增强了运动员的肌肉力量，加强了对关节的保护，而且减缓了肌肉萎缩的速度和骨骼、关节的退化速度，可以使腰椎、颈椎和其他关节有疾患的人的病痛在锻炼中得到缓解。比如，属于多发病和常见病的肩周炎，它是一种无菌性炎症，主要是该部位缺乏活动、组织粘连引起的，表现为疼痛、活动受限。柔力球使运动员周身气血流通，能达到通则不痛的疗病效果，同时关节和肌肉又是在放松状态下进行挥甩，起到散淤通络、按摩牵引的治疗作用。实践证明，参加柔力球运动的人，其肩周炎的症状会大大减轻。

第八节 柔力球的器材与场地简介

一、柔力球器材简介

（一）柔力球球拍

（1）球拍由拍柄、拍颈、拍面、拍框组成（如图 1-5）。

（2）拍柄，是运动员正常握拍的部分。

（3）拍面，是运动员持拍抛接球的部分。

（4）拍框，界定了拍面的范围。

（5）球拍总长（包括拍框、拍颈和拍柄）为 47～54 厘米，宽不超过 23 厘米（如图 1-6）。

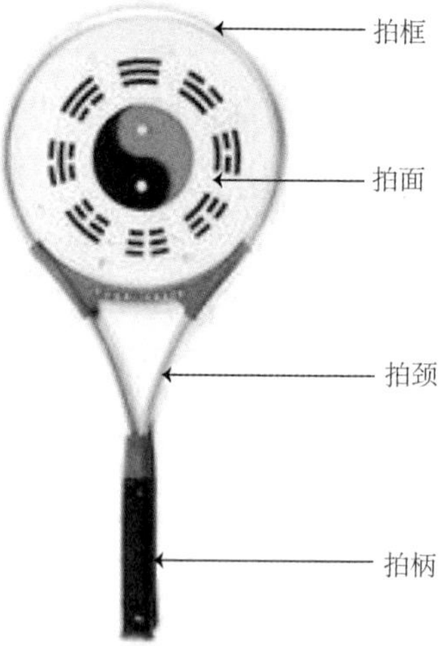

图 1-5　柔力球拍外观

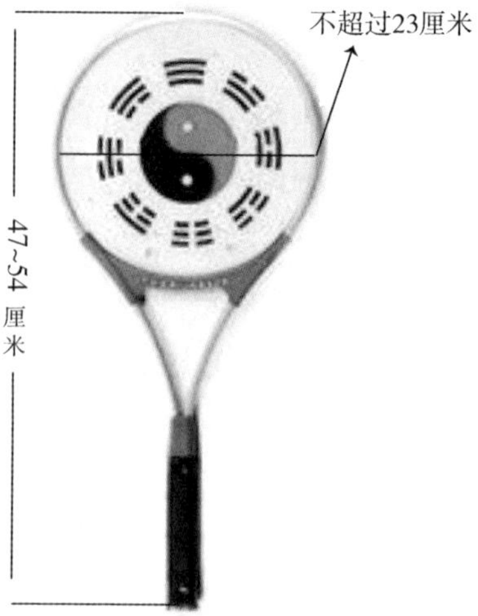

图 1-6　柔力球拍规格

（6）拍框围绕整个拍面成圆形，拍框内缘为外翻 30～45 度对称的斜面，拍框厚度不超过 1 厘米。

（7）拍面平整，由柔软且有弹性的橡胶或橡塑材料制成，厚度不超过 0.1 厘米。

（8）按照拍面垂度，球拍可分为 A、B、C 3 个级别，在正式比赛中可根据不同情况指定使用（如表 1-3）。

（9）球拍上不允许附加任何可能从本质上改变球拍性能或形状的装置。

表 1-3　拍面垂度的 3 个级别

球拍级别	放球垂度①	空置垂度②
A	3.1～3.5 厘米	≤2 厘米
B	2.6～3.0 厘米	≤2 厘米
C	≤2.5 厘米	≤2 厘米

注：①球拍水平放置，拍面中心放置一个标准用球，其最低点与框槽平面的距离。

②球拍水平放置，拍面中心（最底点）与框槽平面的距离。

（二）柔力球球体

图 1-7 柔力球球体

（1）球应为圆球体，直径为 6.8 厘米 ± 0.1 厘米（如图 1-7）。

（2）球的总重量为 55 克±2 克，球体内沙砾的重量不得超过 30 克。

（3）球面材料为橡胶或橡塑，可制成光面或凹凸花纹面（凸起点的高度不得超过 0.03 厘米）。

（4）在同一场比赛中所使用的球必须为同一品牌、同一型号。

（5）在正式比赛中所使用的球不允许有任何附加物。

二、柔力球运动场地简介

（一）花式项目比赛场地和设备

（1）花式项目比赛场地为 28 米×15 米的长方形（如图 1-8），四周的白色标志带边线也是场地的一部分。

（2）比赛场地应该铺设地板或地胶，以确保地面平坦、不涩不滑，还可设置特制的背景板。

（3）比赛场地要有专业的音响设备和辅助灯光。

（4）裁判席设在比赛场地正前方的独立区域。

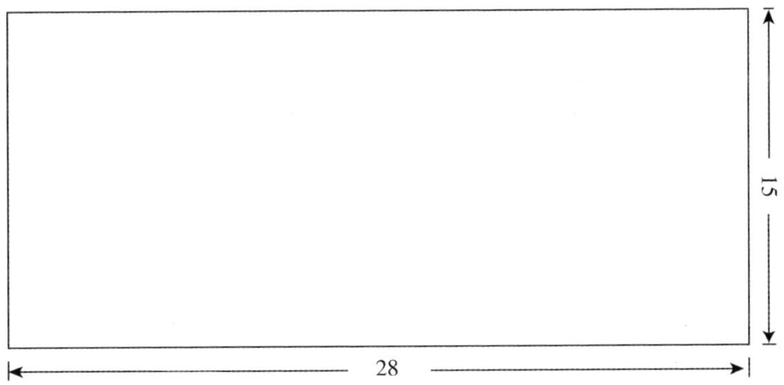

图 1-8 花式项目比赛场地（单位：米）

（二）网式项目比赛场地和设备

（1）网式项目比赛场地应是一个长方形，用 4 厘米宽的线画出（如图 1-9）。

（2）场地线的颜色应是白色、黄色或其他容易辨别的颜色。

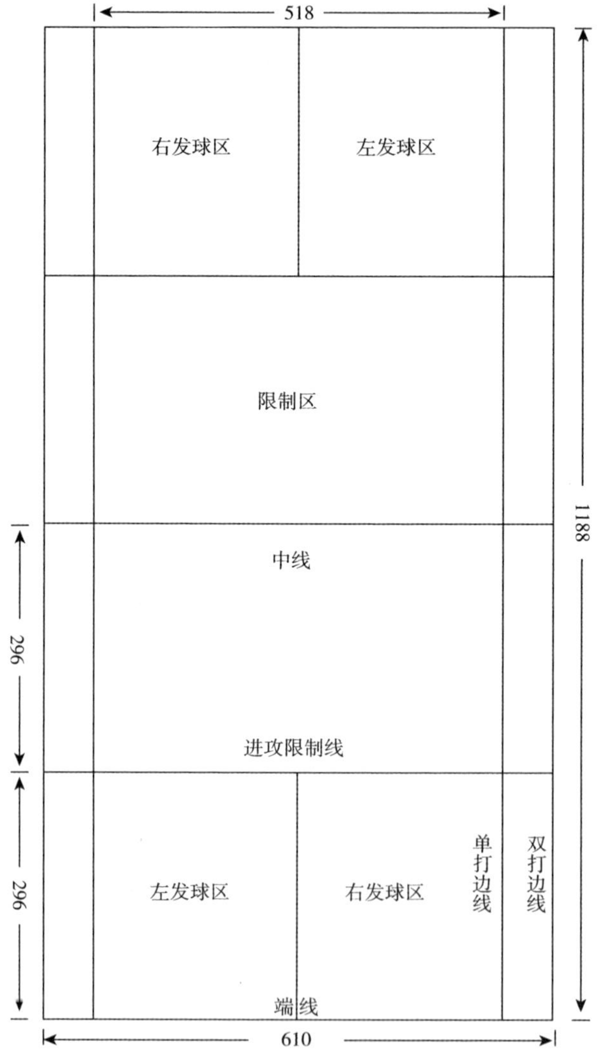

图 1-9　网式项目比赛场地（单位：厘米）

（3）在网下连接两条边线中点的连线为中线。除中线外，场区所有的线都是场地所界定区域的组成部分。

（4）两边场区距中线 296 厘米处各有一条与中线平行的线，被称为限制线，限制线到中线之间的区域为限制区。

（5）限制线在比赛时可以无限延长，被称为进攻限制线。进攻限制线属于前场限制区域。

（6）两边场地限制线后 296 厘米到端线之间的区域为发球区。单打场地宽 518 厘米，双打场地宽 610 厘米。单打场地限制线后到端线之间的区域为单打发球区，双打场地限制线后到端线之间的区域为双打发球区。进攻限制线中点和端线中点的连线，将进攻限制线以后区域分为左发球区和右发球区。

（7）场地四周至少有 2 米的无障碍区，比赛场地上空的无障碍空间距地面至少 7 米，其间不得有任何障碍物。

（8）球网应由深色优质的细绳编织而成，网孔为均匀分布的方形，边长不超过 4 厘米。

（9）从场地地面量起，球网高 1.75 米。球网上下宽 76~80 厘米，全长至少 6.10 米。

（10）不论是单打比赛还是双打比赛，网柱都应放置在双打边线上。网柱及其支撑物不得伸入场地内。

（11）球网两端与网柱之间不应有空隙。必要时，应把球网两端与网柱系紧。

（12）主裁判椅的坐面到地面的距离应为 1.5 米左右，距离网柱 30~50 厘米。

第九节 柔力球的礼仪

无规矩不成方圆，中国自古以来就很注重礼仪。礼是发于人性之自然，合于人生之需的行为规范。纵观当今的运动项目，都有自己的一套礼节，如武术的礼仪、跆拳道的礼仪、柔道的礼仪。同样，柔力球的礼仪也是柔力球运动内容的重要组成部分。

柔力球运动是中华优秀传统文化的组成部分，它之所以内涵丰富、博大精深，是因为它生于中华优秀传统文化的沃土中，它们的根深深扎入中国传统哲学、中国传统养生学和中国传统美学等多学科广袤深厚的领域。

柔力球礼仪是柔力球运动员应共同遵守的基本行为规范，是柔力球运动员文明礼貌的一种体现。

一、进行柔力球活动的场所

（一）柔力球竞赛场所

（1）举行柔力球竞赛活动时，应有升降国旗的仪式。在升国旗时，全体在场人员应唱国歌，并面对国旗肃立，行注目礼。

（2）若无升降国旗仪式，也可事先将国旗悬挂在赛场的适当位置，在竞赛开始时举行面对国旗肃立并唱国歌的仪式。

（二）柔力球训练场所

（1）在适当位置悬挂国旗。

（2）在适当位置悬挂队旗。

（3）运动员在进入和离开训练馆时，须行鞠躬礼。

二、柔力球的礼仪分类

(一) 持械礼

1. 行礼的方法

并步站立，左手拇指扣球，其余四指并拢；右手反手握拍，食指贴于拍柄，其余四指依次抓握。左手扣球在里，右手持拍在外，合于胸前，双手腕部与锁骨同高，拍、球与胸相距20~30厘米，两肘自然下垂。左手掌指朝上，右手持拍，拍身紧贴于右臂内侧，拍头斜向下。头正、身直，目视受礼者，举止大方（如图1-10至图1-13）。

2. 持械礼的含义

左掌四指表示德、智、体、美，“四育”齐备；屈拇指扣球表示不自大；左手扣球犹如“金龙戏珠”，左臂犹如“龙身”，表示左龙；右手持拍犹如“凤头”，拍框犹如“凤尾”，表示右凤；左球右拍相合，两臂环抱成圆，寓意“龙凤呈祥、身体安康”。

图1-10 并步站立

图1-11 左手持球

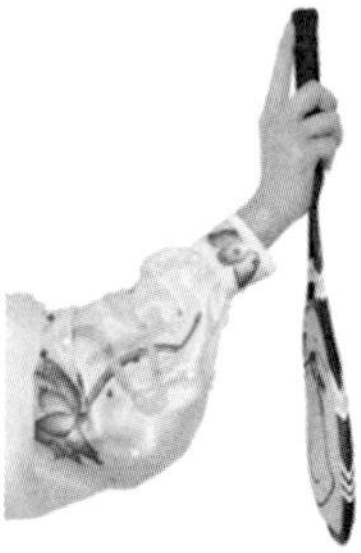

图 1-12　右手持拍

图 1-13　持械礼

3. 持械礼的应用

此礼在柔力球竞赛、表演、训练活动中应用。

（二）鞠躬礼

图 1-14　鞠躬礼

1. 行礼的方法

并步站立，左手拇指扣球，其余四指并拢，背于身后，掌心朝外；右手正手持拍置于体前，拍子倾斜 45 度，拍面位于左胸前；躯干弯曲 45 度（如图 1-14）。

2. 鞠躬礼的应用

（1）在见到师长或领导时使用此礼。

（2）在表演、比赛、训练结束时使用此礼。

（3）不宜使用抱拳礼的正规场合。

三、柔力球教学的礼仪

柔力球课堂是一个严肃的教育场所，师生要用柔力球的礼仪来约束自己，做到言行有礼。

（一）技术教学、训练的礼仪

上课铃响时，班长或值日生整队集合（每个同学之间相距 10 厘米），清点人数完毕，向教师（教练员）报告时，师生均行“持械礼”。教师向学生问好的同时，行“持械礼”，学生在回答“老师好”的同时，行“持械礼”，然后双方落手立正，礼毕，开始上课。

下课时，教师向学生说：“同学们，再见。”学生再答：“老师，再见。”同时行“鞠躬礼”，教师先落手站立，然后学生再落手立正。礼毕，下课。

（二）理论课堂的礼仪

当教师走向讲台时，班长发口令：“起立，敬礼！”学生起立行“鞠躬礼”。教师看学生已行礼，亦行“鞠躬礼”答谢。班长发口令：“坐下！”学生就座后，教师开始授课。

下课时，教师说：“下课！”班长发口令：“起立，敬礼！”学生起立行“鞠躬礼”。教师看学生已行礼，亦行“鞠躬礼”回谢。礼毕，下课。

四、柔力球竞赛的礼仪

（一）柔力球竞赛开幕式、闭幕式仪式

主持人在柔力球比赛开幕式上宣布大会开幕，全体人员起立面向国旗方向肃穆站立，升国旗，唱国歌；在闭幕式上举行降旗仪式，全体人员唱国歌。

（二）运动员的礼仪

花式套路运动员在比赛上场前，应先向裁判组行“持械礼”，然后进

入场地开始比赛。动作完成后，运动员再次向裁判组行“持械礼”，之后走出比赛场地。

柔力球隔网对抗运动员在上场和被介绍时，应先面向裁判长行“鞠躬礼”，再转向观众行“鞠躬礼”。场上裁判检查完护具后，双方运动员应面对彼此，互相行“鞠躬礼”。比赛结束，双方运动员行“鞠躬礼”，并上前与对方握手，以示谢意。当听到胜负结果时，运动员应首先向裁判长行“鞠躬礼”，然后转向观众行“鞠躬礼”，最后面向对手行“鞠躬礼”。

（三）裁判员的礼仪

裁判员穿统一的服装，佩戴统一的裁判标志。比赛开始，广播员介绍技术监督委员会成员时，被介绍者应起立行“鞠躬礼”；介绍仲裁委员会时，被介绍者应原地行“鞠躬礼”；介绍总裁判长、裁判员时，被介绍者应左脚向前一步，右脚跟上，并步站立行“鞠躬礼”，礼毕，右脚后退一步，左脚跟上，并步站立。

在比赛开始或比赛结束时，运动员向裁判长行“持械礼”或“鞠躬礼”，此时裁判长应点头示意，以示还礼。

五、表演或社会活动的礼仪

（1）在柔力球表演开始前，表演者应向主席台的贵宾、领导以及台下的观众行“持械礼”，在表演结束后行“鞠躬礼”。

（2）在柔力球活动中，运动员在被介绍时，应行“持械礼”或“鞠躬礼”。

（3）柔力球器械递接方法：合礼地递接器械是运动员展示自身形象的一个重要方面，向对方递交器械时拍尖向下，切忌拍尖指向对方。

柔力球传承了中华优秀传统文化，其礼仪展示了民族的精神面貌。我们应从自身做起，提升文化素养，树立礼仪榜样，为该运动增光添彩。

【本章小结】

柔力球是一项太极化的球类运动，它蕴含着深厚的文化内涵和哲理，融传统太极运动方式与现代竞技双重特征于一体，是一项集娱乐性、趣味性、竞技性于一体的民族体育运动，易于推广和普及，是一项具有广阔发展前途的优秀体育项目。众所周知，太极拳是一种弧形的、刚柔相济且连绵起伏的拳术，柔力球积极借鉴、汲取太极拳的拳理拳技，以祖国博大精深的优秀历史文化遗产为底蕴，奠定了“先引后发、引进合出、以柔化刚、借力打力”的基本运动思想，它摒弃了传统的硬性击球方式，以“弧形引化”为核心技术，以“迎、引、抛”为主要技术环节，是一项与羽毛球、网球和乒乓球等其他架网相隔、持拍对打的球类运动有着本质区别的健身运动。

【思考与练习】

1. 何谓柔力球运动？
2. 柔力球的技术有什么特点？
3. 柔力球发展分为哪几个阶段，各阶段具有怎样的特点？
4. 柔力球的内容是如何分类的？
5. 柔力球有哪些健身功能？
6. 何谓柔力球的礼仪？在教学中我们应如何行礼？

第二章

柔力球基本技术教学

【本章导读】 柔力球自向社会推出以来，经历了初始阶段、推广阶段、发展阶段和规范阶段。柔力球具有规范性、创新性、独特性和竞技性等技术特征，人们学习并掌握基本技术，是深入了解柔力球运动特点的必经之路。本章为动作教学，重点讲述柔力球的基本技术。

需要说明：因柔力球动作为连贯动作，所以书中图片无法展示完整动作。

【教学目标】 熟练掌握柔力球的基本技术。

第一节 摆动类

左右摆动

【动作说明】

两腿屈蹲呈半马步，右手持拍纳球，先向左弧形引化至身体左侧与肩同高处，同时左手自然撑掌于体侧，然后右手持拍纳球，向右弧形引化至身体右侧与肩同高处，左手顺势置于腹前，左右连续摆动，目随拍走（如图 2-1）。

【要求与要点】

（1）拍尖向前，球拍沿引化弧线自然摆动，动作要舒展、饱满。

（2）持拍臂自然弯曲，以肩为轴，带动球拍沿引化弧形摆动。

(a)　　(b)　　(c)

图 2-1 左右摆动

第二节　绕环类

一、正反绕环

【动作说明】

正向绕环，两腿屈蹲呈半马步，右手持拍纳球，按顺时针方向，由左向上、向右，再向下做圆形绕环，同时左手自然撑掌于体侧，目随拍走（以正向绕环为例，如图 2-2）。反向绕环，动作相同，但方向相反。

【要求与要点】

（1）身体要端正、自然，整个动作舒展、圆润、大方。

（2）在绕环中，球不可脱离拍面。

（a）　　（b）　　（c）

图 2-2　正向绕环

二、左右提撩

【动作说明】

单腿屈蹲呈右弓步，右手持拍纳球，双手交叉置于体前，由体前向上撩拍至右后方，再向左前方弧形摆动至头前。提撩动作要画立圆，左手配合要自然（如图 2-3）。

【要求与要点】

（1）动作保持均匀用力，双臂配合协调。

（2）弓步时身体要保持中正，不能前倾。

(a) (b) (c)

图 2-3 左右提撩

三、左右平带

【动作说明】

开步站立，两臂张开，右手立拍纳球，由腰带动身体向左转体 180 度，再向右转体 180 度，反复练习（以右平带为例，如图 2-4）。

【要求与要点】

（1）两臂自然伸直。

（2）整个动作应自然放松、完整连贯、协调有力。

（3）左右旋转时一定要用腰带动身体旋转。

（a） （b） （c）

图 2-4　右平带

第三节 摆翻类

左右摆翻

【动作说明】

两腿屈蹲呈半马步，右手持拍纳球，由左至右弧形引化，当球拍至略高于右肩时，捻动球拍做顺时针方向的360度右摆翻，继续向下、向左弧形引化，当球拍至略高于左肩时，捻动球拍做逆时针方向的360度左摆翻，同时左手自然撑掌，目随拍走（如图2-5）。

【要求与要点】

（1）摆翻时，动作应圆润流畅，球不可离开拍面，拍尖始终朝前。

（2）手臂要轻松自然，双臂配合协调。

（a）　（b）　（c）

图2-5 左右摆翻

第四节　抛接类

一、左右抛接

【动作说明】

两腿屈蹲呈半马步，右手持拍纳球，由右向左弧形摆动至身体左侧，将球沿球拍的左边框向上垂直抛出，左手自然撑掌。右手在左侧主动迎球，纳入球拍，继续向右弧形摆动至右侧，将球沿球拍的右边框向上垂直抛出，左手顺势置于腹前，目随拍走（如图 2-6）。

【要求与要点】

（1）接球后弧形引化动作要做得大方。

（2）抛接球时要立拍，手腕不能拨球、挑球。

(a)　　(b)　　(c)

图 2-6　左右抛接

二、体后抛接

【动作说明】

两脚开立，右手持拍挥至右前上方的同时，左脚上步，向右转体 45 度，将球由右上方向背后引化，抛球至左掌上方处，左脚回到原位，顺势接球将球切入球拍（如图 2-7）。

【要求与要点】

（1）动作要流畅，整个动作应自然放松、完整连贯、协调用力。

（2）抛球时要立拍，球要擦框而出。

（3）接球时要主动迎球，及时完成弧形引化动作。

(a) (b) (c)

图 2-7 体后抛接

三、腿下抛接

【动作说明】

并步站立，右手持拍纳球，由右向左弧形摆至左侧，与肩同高，再由左弧形摆至右侧，与肩同高。由右向左弧形摆动的同时，左脚前踢，持拍臂弧形摆动经腿下将球向上抛出，接球时主动迎球，顺势拉球做弧形引化（如图 2-8）。

【要求与要点】

（1）抛接球时，手臂要自然放松，双臂配合协调。

（2）支撑腿自然伸直，身体保持中正。

(a)　(b)　(c)

图 2-8　腿下抛接

【本章小结】

柔力球既有东方体育文化的深厚底蕴，又有西方体育的表现形式，其独特性和创新性就体现在其核心技术——“弧形引化”上。柔力球基本技术类型包括摆动类、绕环类、摆翻类和抛接类。本章详细介绍了柔力球的基本技术，运动员在认真学习的过程中应该遵循循序渐进原则，不可因急于完成动作而改变动作的路线和方向，要正确理解柔力球的运动规律和技术特征，最终熟练掌握柔力球的运动技术。

第三章

花式柔力球技术教学

【本章导读】 柔力球有花式和网式两种运动形式。花式柔力球按项群理论进行划分，属于技能主导类中的表现难美性项目，可以细分为操类、舞蹈类、太极类和技巧类等不同的类别。操类，动作简单、节奏感强；舞蹈类，动作优美、主题突出；太极类，融合武术基本动作，难度大、风格沉稳。每种类型都有不同的技术风格，体现了柔力球运动内容丰富的特点。

目前的柔力球比赛，花式项目包括规定套路和自选套路两种。规定套路主要有中国老体协推广健身系列套路、飞龙系列套路、阳光系列套路及基础套路、太极系列套路等。

飞龙二套的套路动作舒展大方、简单易学，且符合目前大学生身体发育特征。因此，本章我们选用飞龙二套作为练习和教学内容。

【教学目标】 1. 了解目前柔力球套路的主要风格分类。

2. 熟练掌握规定套路——飞龙二套。

第一节 花式柔力球规定套路概述

一、规定套路基本介绍

柔力球花式项目比赛，分为规定套路和自选套路两种主要的竞赛类别。自柔力球项目创编发展至今，经中央电视台《夕阳红》节目的宣传，和中国老体协的大力推广下，柔力球项目得到了快速发展，在老年群体中普及范围较大，推广效果较好。运动员习练的套路主要有中国老体协推广健身系列套路（11 套）、中国老体协规定套路（9 套）、社体中心推广套路（4 套）、太极系列套路（4 套）、阳光系列套路及基础套路（4 套）、飞龙系列套路（8 套）、小学生柔力球健身操和民间健身套路等，部分信息如表 3-1 所示。

表 3-1 柔力球规定套路名称

中国老体协推广健身系列套路（11 套）	中国老体协规定套路（9 套）	社体中心推广套路（4 套）	太极系列套路（4 套）	阳光系列套路及基础套路（4 套）
《柔力球之歌》	《太极柔力球规定套路》	《赶着马车去北京》	《随缘》36 式	《澎湖湾》
《为你跑成罗圈圈腿》	《走进新时代》	《中国范儿》	《笑傲江湖》24 式	《一路歌唱》
《花季雨季》	《难忘今宵》	《青花瓷韵》	《英雄谁属》48 式	《走天涯》
《阳光路上》	《永远是朋友》	《四季牧歌》	《偷功》16 式	《套马杆》
《中国梦》	《山不转水转》			

续表

中国老体协推广健身系列套路（11套）	中国老体协规定套路（9套）	社体中心推广套路（4套）	太极系列套路（4套）	阳光系列套路及基础套路（4套）
《行云流水》	《我和我的祖国》			
《孝心住我家》	《柔力球之歌》			
《雪域踢踏》	《走向复兴》			
《达坂城的姑娘》	《我们的信念》			
《火火的爱》				
《桃花红杏花白》				

飞龙系列套路目前共8套，如表3-2所示。飞龙二套是由沈尤格老师主编，配乐为《阳光年华》。飞龙套路的创编时间不长，但推广力度大、范围广，拥有众多的习练者。

表3-2 飞龙系列套路

套路名称	创编时间	创编人	配乐
飞龙一套	2010年	白榕	《水中月亮》
飞龙二套	2010年	沈尤格	《阳光年华》
飞龙三套	2010年	白榕	《昨夜星辰》
飞龙四套	2011年	王学军	《向天再借五百年》
飞龙五套	2011年	沈尤格	《草原晨曲》
飞龙六套	2011年	沈尤格	《敦煌》
飞龙七套	2012年	白榕	《坐着火车去拉萨》
飞龙八套	2012年	沈尤格	《最炫民族风》

二、飞龙系列套路介绍

自2010年至2012年，飞龙系列套路由国家体育总局负责创编和推广，白榕、沈尤格、王学军针对不同的人群不断推陈出新，共创编8套不同风格的规定套路。其中，由白榕创编的套路共 3 套，分别是《水中月亮》《昨夜星辰》《坐着火车去拉萨》；王学军创编的套路为《向天再借五百年》；沈尤格创编的套路共 4 套，分别是《阳光年华》《草原晨曲》《敦煌》《最炫民族风》。

飞龙二套《阳光年华》是飞龙系列经典套路之一，该套路与活泼欢快的音乐节奏相吻合，动作简单易学、左右对称，具有一定的科学性和趣味性。将该套路作为教学内容，既有利于大学生在有限的时间内掌握一套完整的动作，增强对柔力球基本技术的理解，也有利于促进大学生的身体素质全面协调发展。

飞龙二套的动作名称如下。

第一段　左右摆动

第二段　四方摆动

第三段　八字绕环

第四段　正面绕环

第五段　平旋转体

第六段　立旋转体

第七段　左右抛接

第八段　正反抛接

第九段　垫步绕环

第十段　腿下抛接

第十一段　绕环收势

第二节　飞龙二套动作教学

一、起势动作

【动作说明】

起势由立正姿势开始，左手持球，右手持拍［如图 3-1（a）］。两脚开立，同时两手上举，左手抛球，使球沿抛物线轨迹运动，同时持拍手在头顶右侧接球，两手在头部上方成抱圆状［如图 3-1（b）至图 3-3（c）］。

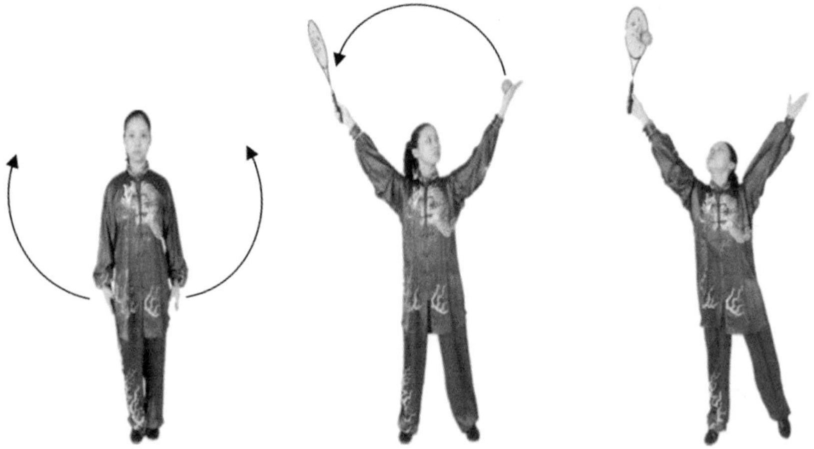

(a)　　(b)　　(c)

图 3-1　起势动作

二、第一段：左右摆动

【动作说明】

（1）第一个八拍：接球后，右臂自右上方做下沉动作，在体前划弧至左肩前，屈臂交叉，手腕相搭，右手在前，左手在后，拍尖和身体面向正前方，右手沿原弧形轨迹下沉摆动，两手臂舒展至 180 度，拍尖朝正前方［如图 3–2（a）至图 3–2（d）］。

（2）第二个八拍：重复第一个八拍动作。

（3）第三个八拍：上肢动作重复第一个八拍动作，下肢做并步动作［如图 3–2（e）至图 3–2（f）］。

（4）第四个八拍：1~6 拍同第三个八拍的 1~6 拍，7~8 拍则以右脚为轴，向右转体 90 度，准备衔接下一个动作。

【要求与要点】

（1）左右弧形轨迹对称，弧形半径相对固定。

（2）重心在两腿之间移动，身体不宜过度前倾或后仰。

（a）　（b）

图 3–2　左右摆动

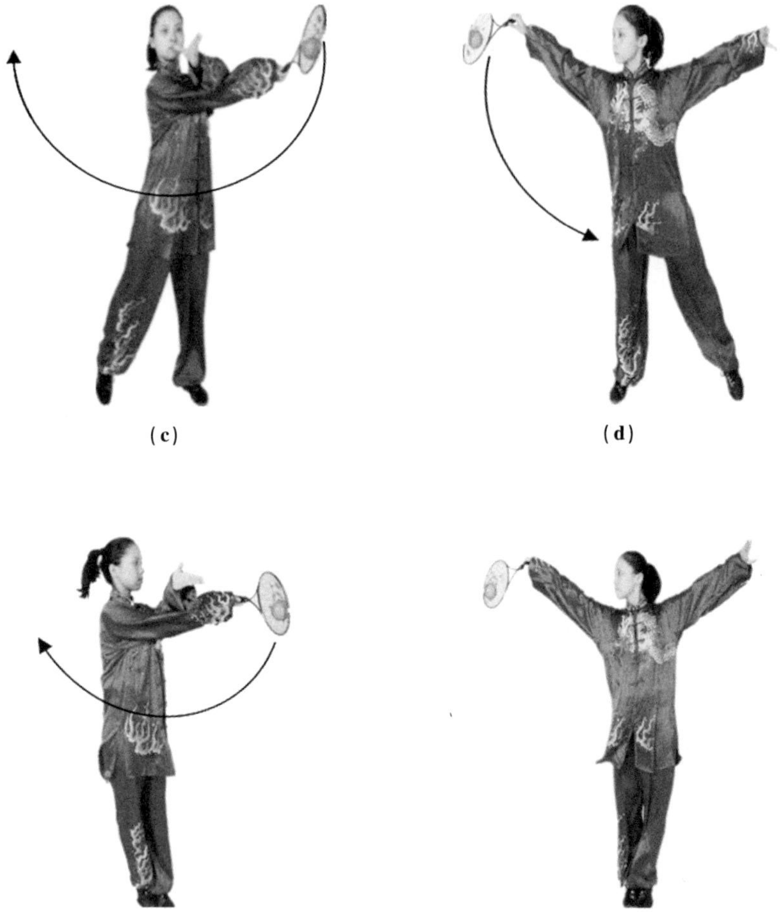

(c) (d) (e) (f)

图 3-2 左右摆动（续）

三、第二段：四方摆动

【动作说明】

(1) 第一个八拍：身体由正前方，顺时针旋转 90 度，右臂做弧形摆动，在左肩前屈肘交叉，两手腕相搭，右手在前，左手在后，拍尖朝前。右手沿原弧形轨迹下沉摆动，两手臂舒展至 180 度，拍尖朝前。7~8 拍以右脚为轴，向右转体 90 度［如图 3-3（a）至图 3-3（c）］。

（2）第二个八拍：身体由右侧位转至正后方，右臂做弧形摆动，在左肩前屈肘交叉，两手腕相搭，右手在前，左手在后，拍尖朝前。右手沿原弧形轨迹下沉摆动，两手臂舒展至 180 度，指尖和拍尖朝正前方。7～8 拍以右脚为轴，向右转体 90 度［如图 3-3（d）至图 3-3（f）］。

（3）第三个八拍：身体由正后方转至左侧位，右臂做弧形摆动，在左肩前屈肘交叉，两手腕相搭，右手在前，左手在后，拍尖朝前。右手沿原弧形轨迹下沉摆动，两手臂舒展至 180 度，指尖和拍尖朝正前方。7～8 拍以右脚为轴，向右转体 90 度。

（4）第四个八拍：身体由左侧位转至正前方，重复第一个八拍动作。

【要求与要点】

（1）左右弧形轨迹要对称，弧形半径相对固定。

（2）动作要舒展大方，转换方位时，动作的衔接自然流畅。

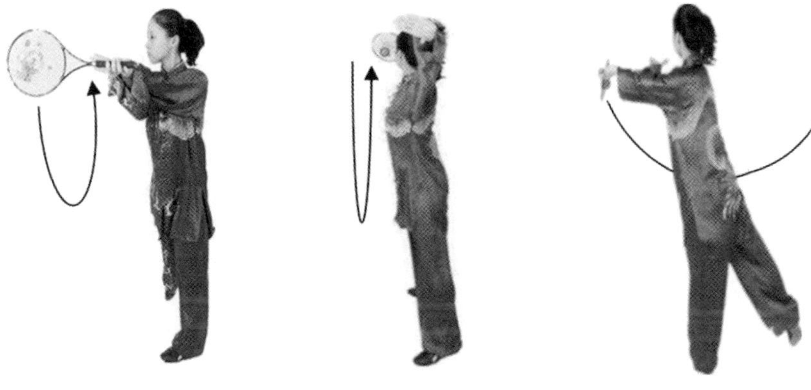

（a）　（b）　（c）

图 3-3　四方摆动

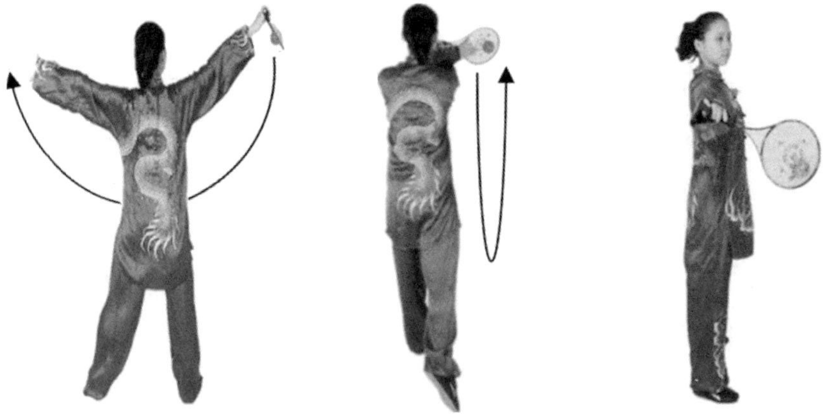

(d)　　(e)　　(f)

图 3-3　四方摆动（续）

四、第三段：八字绕环

【动作说明】

（1）第一个八拍：左脚向左侧 45 度上步，身体顺势向左转体，并步的同时持拍臂由右侧位绕环至左侧位［如图 3-4（a）至图 3-4（b）］，左臂自然摆动。右脚经左脚内侧向右 45 度上步，身体顺势向右转体［如图 3-4（c）］，并步的同时持拍臂由右侧位绕环至左侧位［如图 3-4（d）至图 3-4（e）］，持拍臂再由左侧位绕环至右侧位，左臂自然摆动［如图 3-4（f）］。脚下以“Z”字形向前 4 步。

（2）第二个八拍：上身动作不变，脚下以“Z”字形后退 4 步。

（3）第三个八拍：重复第一个八拍动作。

（4）第四个八拍：重复第二个八拍动作。

【要求与要点】

（1）持拍臂要自然弯曲，以肩为轴，并用腰带动身体左右转动。

（2）绕环轨迹为立圆，左右对称，动作要流畅。

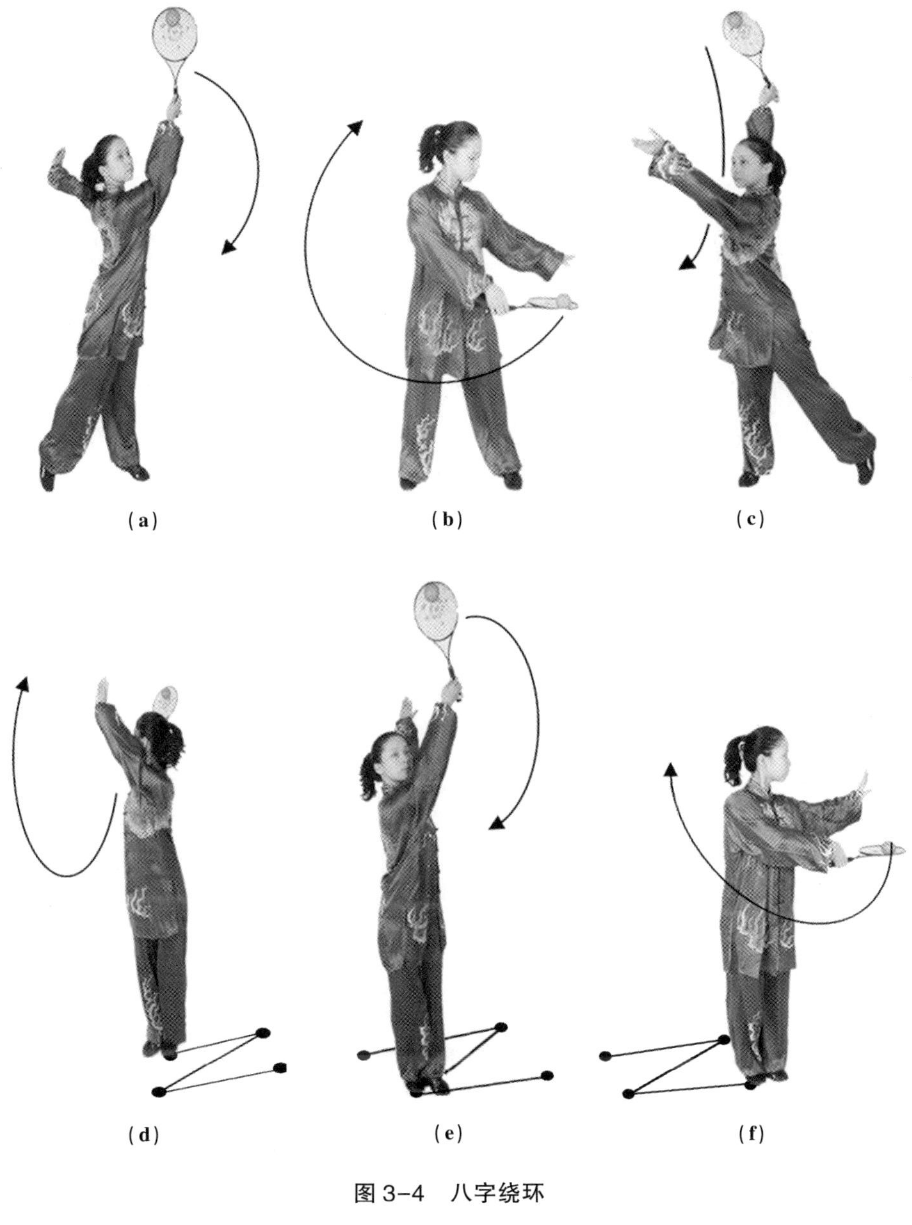

(a)　(b)　(c)

(d)　(e)　(f)

图 3-4　八字绕环

五、第四段：正面绕环

【动作说明】

（1）第一个八拍：1~4 拍两脚开立，体前八字绕环［如图 3-5（a）至图 3-5（c）］。5~6 拍斜立拍带球，在体前正面顺时针绕环，同时左脚活步，右脚向左脚内侧并步，7~8 拍向左侧绕环的同时，左脚向左侧横跨步成开立步［如图 3-5（d）至图 3-5（h）］。

（2）第二个八拍：1~4 拍两脚开立，体前八字绕环［如图 3-5（i）至图 3-5（l）］。5~6 拍斜立拍带球，在体前正面逆时针绕环，同时右脚活步，左脚向右脚内侧并步［如图 3-5（m）至图 3-5（p）］，7~8 拍向右侧绕环的同时，右脚向右侧横跨步成开立步。

（3）第三个八拍：重复第一个八拍动作。

（4）第四个八拍：重复第二个八拍动作。

【要求与要点】

（1）八字绕环，运动轨迹为立圆。

（2）正面绕环时，应立腕持拍，拍尖朝正前方。

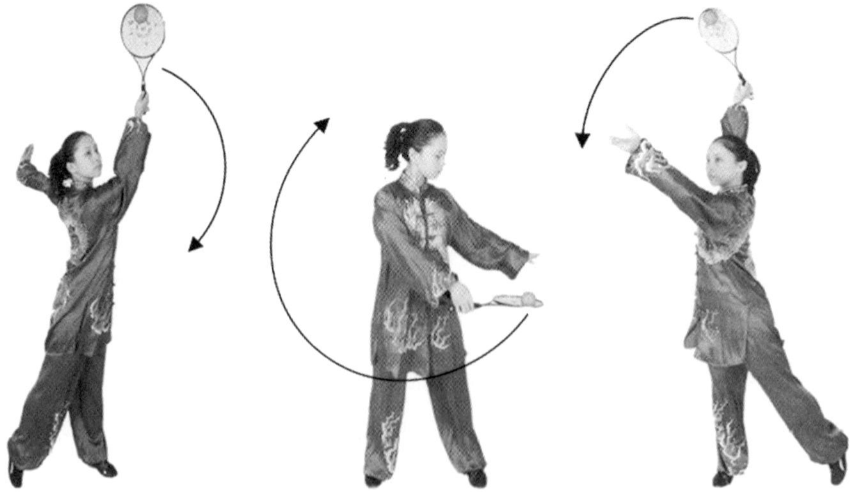

（a）　（b）　（c）

图 3-5　正面绕环

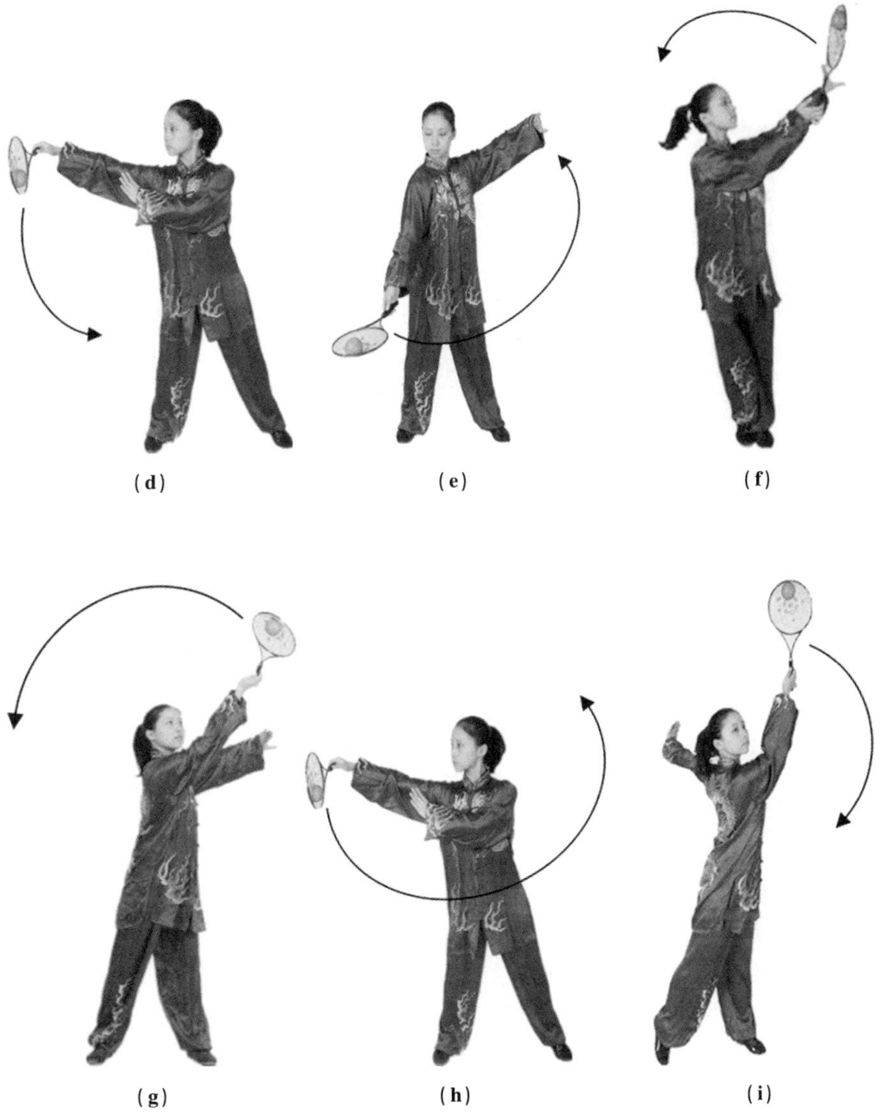

图 3-5 正面绕环（续）

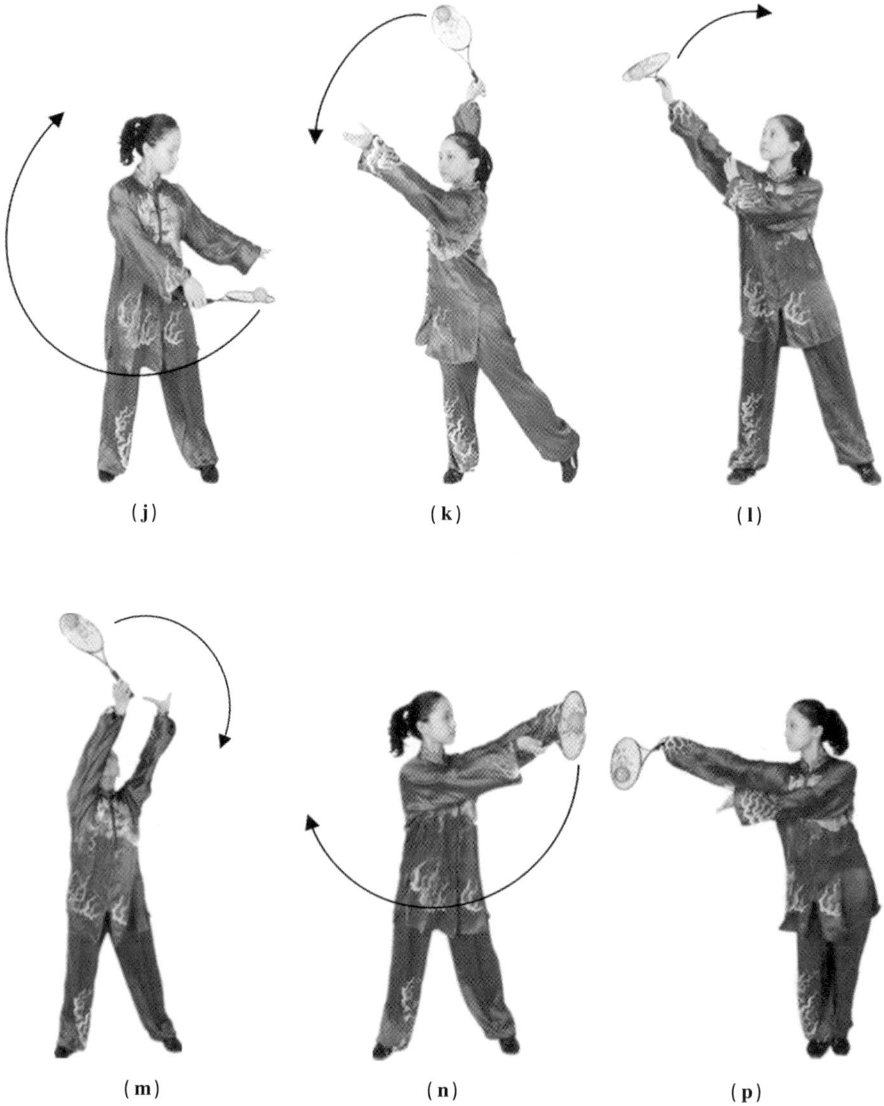

图 3-5 正面绕环（续）

六、第五段：平旋转体

【动作说明】

（1）第一个八拍：1~4 拍两脚开立，八字绕环。5~6 拍向左转体，两臂展开呈 180 度，拍尖朝上，同时左脚外摆，右脚向左侧 180 度上步扣脚［如图 3-6（a）至图 3-6（c）］。7~8 拍继续完成 180 度水平旋转［如图 3-6（d）至图 3-6（e）］，同时左脚向左侧横跨一步，成开立步［如图 3-6（f）］。

（2）第二个八拍：1~4 拍两脚开立，八字绕环。5~6 拍向右转体，两臂展开呈 180 度，拍尖朝上，同时右脚外摆，左脚向右侧 180 度上步扣脚。7~8 拍继续完成 180 度水平旋转，同时右脚向右侧横跨一步，成开立步。

（3）第三个八拍：重复第一个八拍动作。

（4）第四个八拍：重复第二个八拍动作。

【要求与要点】

（1）水平旋转时，要以身体的纵轴为中心。

（2）脚步稳健，动作舒展。

（a）

（b）

图 3-6 平旋转体

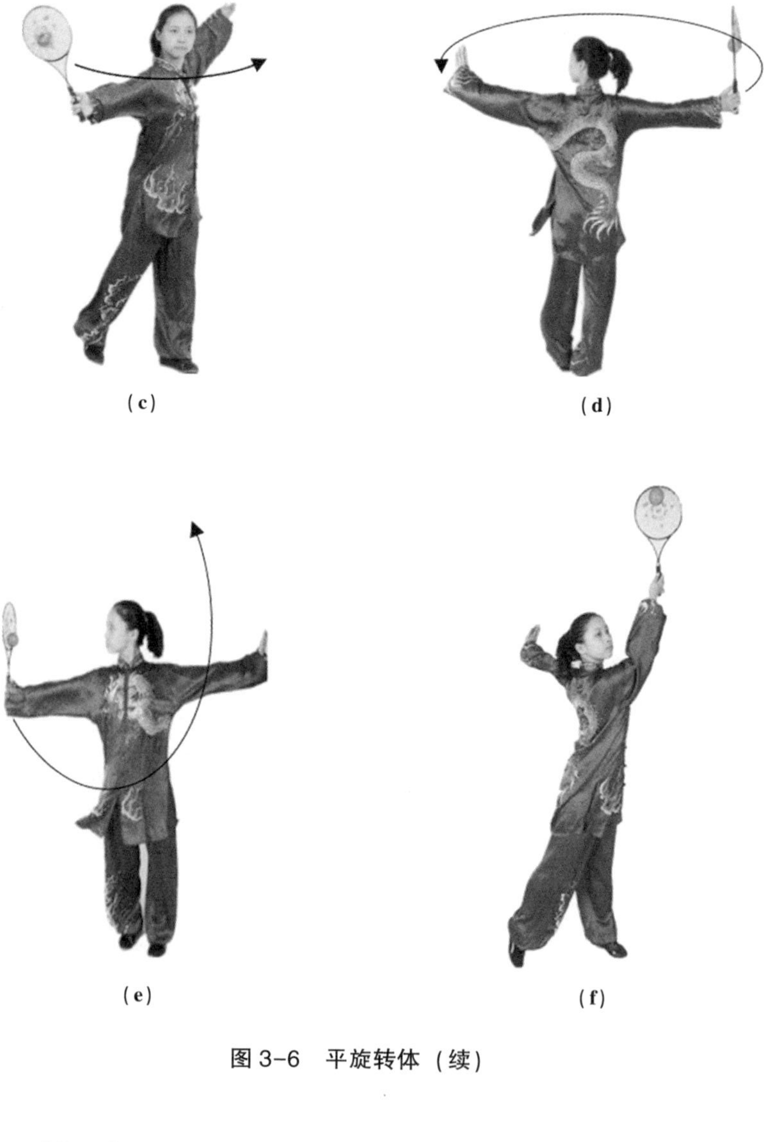

(c) (d) (e) (f)

图 3-6 平旋转体（续）

七、第六段：立旋转体

【动作说明】

（1）第一个八拍：1~4 拍两脚开立，八字绕环。5~6 拍左脚外摆，右臂略高于肩，右脚向左侧 180 度上步，并步转体。7~8 拍持拍臂自下而上划弧至身体左侧［如图 3-7（a）至图 3-7（c）］。

（2）第二个八拍：1~4 拍两脚开立，八字绕环。5~6 拍左脚外摆，右臂略高于肩，左脚向右侧 180 度上步，并步转体［如图 3–7（d）至图 3–7（g）］。7~8 拍持拍臂自下而上划弧至身体右侧［如图 3–7（h）］。

（3）第三个八拍：重复第一个八拍动作。

（4）第四个八拍：重复第二个八拍动作。

【要求与要点】

（1）旋转时，双臂展开呈 180 度，保持重心平稳。

（2）拍尖朝正前方，旋转轨迹为立圆。

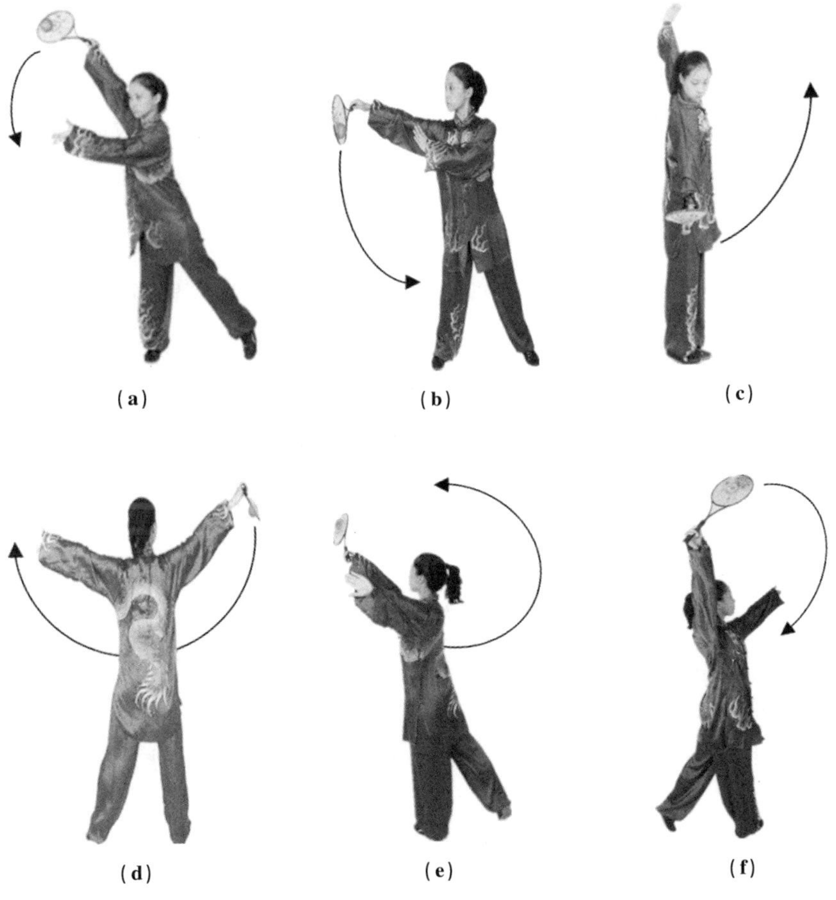

（a）（b）（c）

（d）（e）（f）

图 3–7 立旋转体

(g)

(h)

图 3-7 立旋转体（续）

八、第七段：左右抛接

【动作说明】

（1）第一个八拍：1~4 拍两脚开立，八字绕环。5~6 拍持拍臂自下而上，由身体右后方向身体左上方顺势抛球［如图 3-8（a）至图 3-8（c）］。7~8 拍接球后绕环至身体左后方［如图 3-8（d）至图 3-8（e）］。

（2）第二个八拍：1~4 拍两脚开立，向左侧绕环。3~4 拍持拍臂自下而上，由身体左后方向身体右上方顺势抛球［如图 3-8（f）至图 3-8（g）］。5~8 拍接球后体前左右八字绕环［如图 3-8（h）至图 3-8（i）］。

（3）第三个八拍：重复第一个八拍动作。

（4）第四个八拍：重复第二个八拍动作。

【要求与要点】

（1）抛球时应将球沿拍框顺势向上抛出，不可抖腕发力。

（2）接球时应主动伸拍迎球，并沿球的切线方向引球入拍。

(a) (b) (c)

(d) (e) (f)

图 3-8 左右抛接

(g)　　(h)　　(i)

图 3-8　左右抛接（续）

九、第八段：正反抛接

【动作说明】

（1）第一个八拍：1~4 拍两脚开立，八字绕环。5~6 拍左脚活步。右脚向左脚内侧并步，右手由右向左弧形摆动至左侧位，拍框对向上方时，球将沿所划弧线的切线方向抛出，球出拍框的高度应高于头。7~8 拍持拍臂迅速至身体右上方迎球，球入拍后，顺势向左划圆，同时左脚向左跨步成开立步［如图 3-9（a）至图 3-9（c）］。

（2）第二个八拍：1~4 拍两脚开立，八字绕环。5~6 拍右脚活步。左脚向右脚内侧并步，右手由左向右弧形摆动至右侧位，拍框对向上方时，球将沿所划弧线的切线方向抛出，球出拍框的高度应高于头。7~8 拍持拍臂迅速至身体左上方迎球，球入拍后，顺势向右划圆，同时右脚向右跨步成开立步［图 3-9（d）至图 3-9（f）］。

（3）第三个八拍：重复第一个八拍动作。

（4）第四个八拍：重复第二个八拍动作。

【要求与要点】

（1）抛球的高度要适中，球在空中的轨迹为一条弧线。

（2）接球时，应主动出拍迎球，并进行弧形引化。

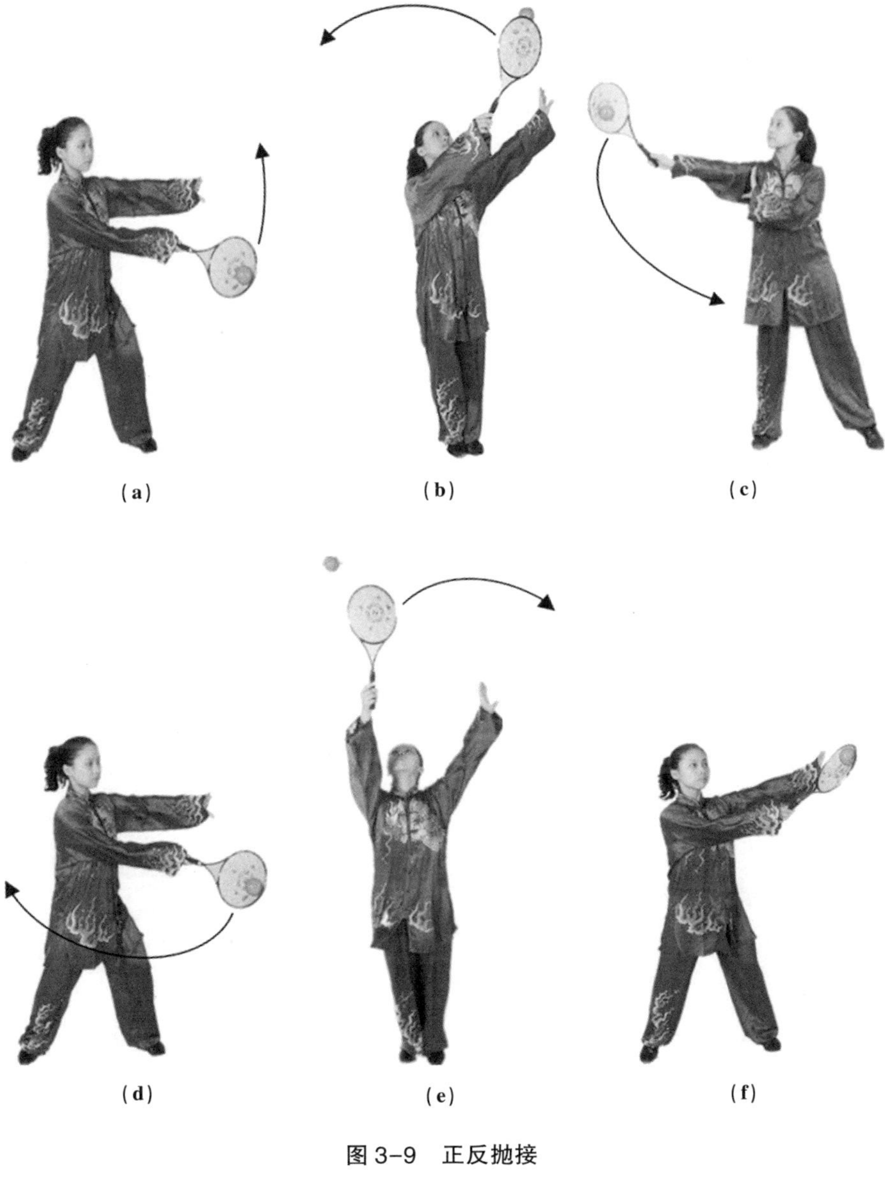

(a) (b) (c) (d) (e) (f)

图 3-9 正反抛接

十、第九段：垫步绕环

【动作说明】

（1）第一个八拍：1~7 拍在体前做左右八字绕环，左脚以右脚为中心，向前垫步，右手向上划弧，第 8 拍时撤步做八字绕环［如图 3-10（a）至图 3-10（c）］。

（2）第二个八拍：1~7 拍在体前做左右八字绕环，右脚以左脚为中心，向前垫步，右手向上划弧，第 8 拍时撤步做八字绕环［如图 3-10（d）至图 3-10（f）］。

（3）第三个八拍：重复第一个八拍动作。

（4）第四个八拍：重复第二个八拍动作。

【要求与要点】

（1）上下相随，协调自然。

（2）步法灵活，动作连贯。

（a）　（b）　（c）

图 3-10　垫步绕环

(d) (e) (f)

图 3-10 垫步绕环（续）

十一、第十段：腿下抛接

【动作说明】

(1) 第一个八拍：1~4 拍在体前做左右八字绕环［如图 3-11（a）至图 3-11（b）］，5~8拍时向前踢左腿，同时右手由右向左弧形摆动，经左腿下方将球沿所划弧线的切线方向抛至左前上方［如图 3-11（c）］。7~8 拍左脚自然落回原位，同时持拍臂主动迎球，将球由球拍左侧的边框引入拍［如图 3-11（d）］，顺势向右划圆。

(2) 第二个八拍：1~4 拍在体前做左右八字绕环［如图 3-11（e）至图 3-11（g）］，5~8 拍时向前踢右腿，同时右手由右向左弧形摆动，经右腿下方将球沿所划弧线的切线方向抛至左前上方［如图 3-11（h）］。7~8 拍右脚自然落回原位，同时持拍臂主动迎球，将球由球拍左侧的边框引入拍［如图 3-11（i）］，顺势向右划圆。

(3) 第三个八拍：重复第一个八拍动作。

(4) 第四个八拍：重复第二个八拍动作。

（a）　（b）　（c）

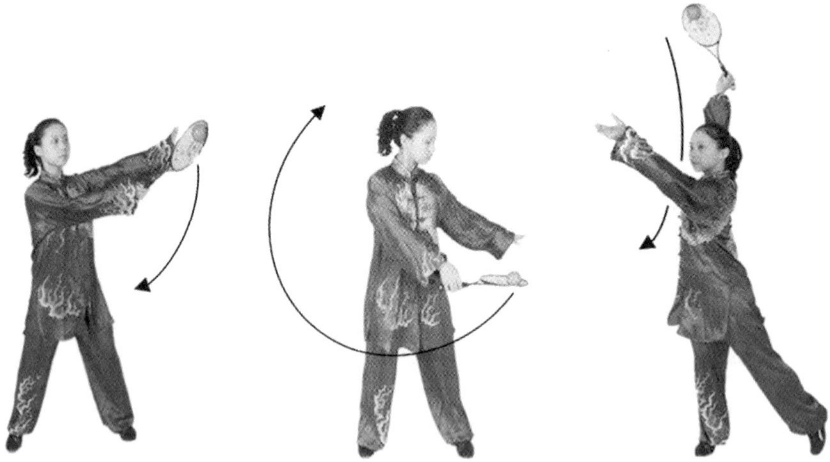

（d）　（e）　（f）

图 3-11　腿下抛接

(g) (h) (i)

图 3-11 腿下抛接（续）

【要求与要点】

（1）向前踢腿时，两腿的夹角大于或等于 90 度，且支撑腿要伸直。

（2）在完成抛接球动作的过程中，球的高度稍高于头部。

十二、第十一段：绕环收势

【动作说明】

（1）第一个八拍：1~8 拍持拍臂在体前做左右八字绕环［如图 3-12（a）至图 3-12（c）］，脚下以“Z”字形向前 4 步［如图 3-12（d）至图 3-12（f）］。

（2）第二个八拍：1~6 拍持拍臂在体前做左右八字绕环，脚下以“Z”字形后退 4 步。7~8 拍抛球，左手接球［如图 3-12（g）］，左脚向右脚并回［如图 3-12（h）］，手臂缓缓落下，呈自然站立状态［如图 3-12（i）］。

【要求与要点】

（1）在做左右八字绕环时，持拍臂应自然弯曲。

（2）动作流畅，弧度逐渐减小。

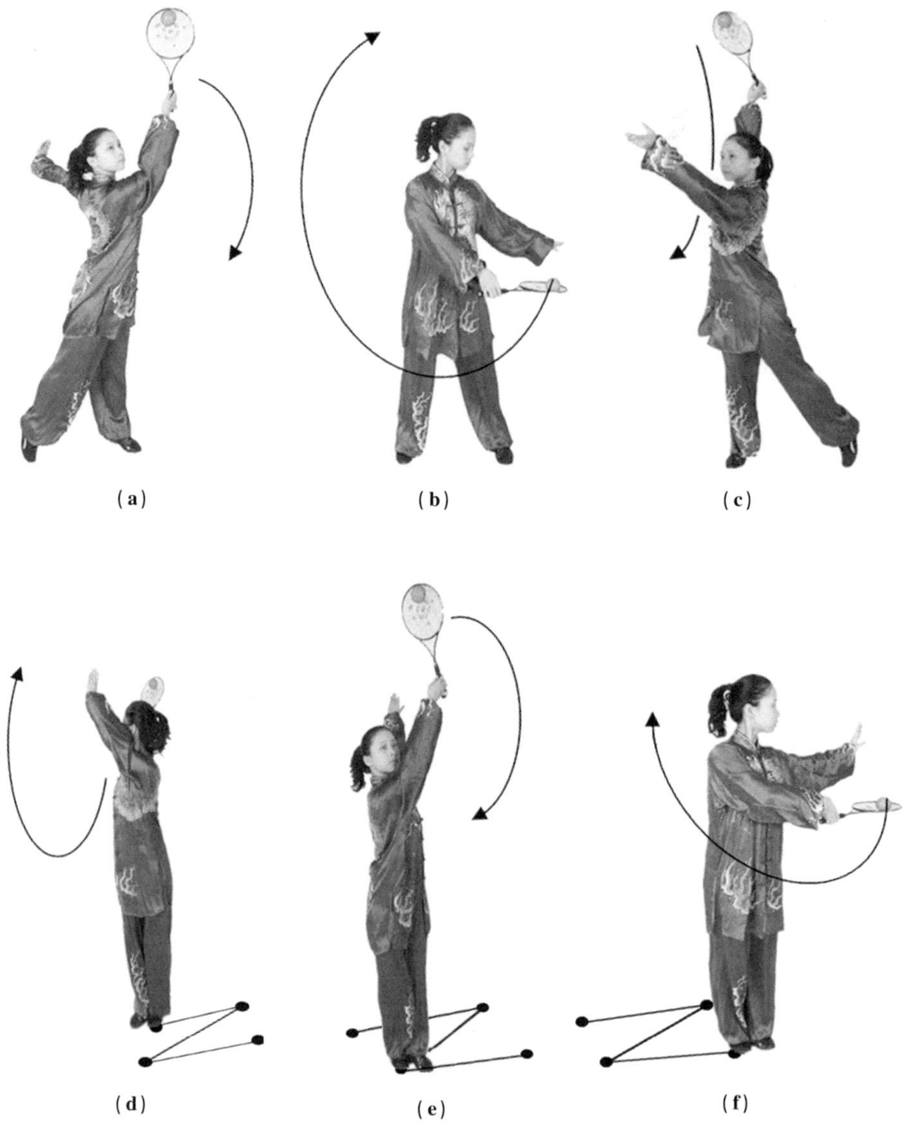

图 3-12　绕环收势

图 3-12 绕环收势（续）

【本章小结】

在柔力球教学过程中，教练员要遵循循序渐进原则，对稍有难度的动作进行剖析和分解教学；不同动作的技术要求和要点不同，教练员在教学中可加以详细说明。

柔力球花式项目套路具有不同的风格特点，个人可根据实际情况选择练习不同风格的套路。

本章梳理了部分规定套路，重点介绍的飞龙二套《阳光年华》的动作简单易学、舒展大方，音乐欢快，以其为教学内容，有利于激发学生学习的积极性。

【思考与练习】

1. 目前柔力球规定的套路主要有哪些？
2. 飞龙二套的总体风格是什么，不同动作的要点分别是什么？

第四章

网式柔力球技术教学

【本章导读】柔力球自向社会推出以来，就以两人相互抛接为表现形式，后期通过不断发展，它逐渐分化为花式柔力球与网式柔力球两种规范的表现形式。网式柔力球结合太极思想与诸多现代竞技体育项目的特点，形成了独特的运动形式和技术要求。本章从网式柔力球技术的特点和方法入手，旨在为柔力球运动员的实践提供理论指导。

【教学目标】1. 认识和了解网式柔力球技术的构成要素。

2. 掌握网式柔力球技术的特点。

第一节 握拍方法与基本站位

一、握拍方法

（一）正手握拍

右手大拇指和食指第一指节的指腹，相对握住拍柄与拍面平行的两个宽面处，大拇指贴靠在拍柄上与其成一条直线，其余手指依次扣握拍柄。拍柄尾部贴靠在手掌的小鱼际处，掌心空出，以便拍子灵活运转。握拍时不要太用力，从手到臂部的肌肉要放松。正手握拍多用于抛接体前右侧来球（如图4-1）。

（二）反手握拍

右手大拇指和食指第一指节的指腹，相对握住拍柄与拍面垂直的两个窄面处，其余手指依次扣握拍柄。拍柄尾部贴靠在手掌的小鱼际处，掌心空出，以便拍子灵活运转。握拍时不要太用力，从手到臂部的肌肉要放松。反手握拍多用于抛接体前左侧来球（如图 4-2）。

图 4-1 正手握拍

图 4-2 反手握拍

二、基本站位

（一）正手基本站位

正手基本站位指运动员右手正手握拍，自然置于身体右侧，抛接身体右侧来球的站位。它要求运动员面向对方，左脚在前，右脚在后，两脚自然开立略宽于肩，脚后跟微微提起，两膝弯曲内扣，重心在两脚之间。髋关节放松，含胸收腹，上身略微向前，平视前方（如图 4-3）。

（二）反手基本站位

反手基本站位指运动员右手反手握拍，自然置于身体左侧，抛接身体左侧来球的站位。它要求运动员面向对方，右脚在前，左脚在后，两脚自然开立略宽于肩，脚后跟微微提起，重心在两脚之间。髋关节放松，含胸收腹，上身略微向前，平视前方（如图 4-4）。

图 4-3　正手基本站位

图 4-4　反手基本站位

第二节 发球、接发球技术与基本步法

一、发球

发球指运动员在竞赛或训练开始时把球抛向对方的动作。发球时，运动员应两脚自然开立，左手拿球，右手持拍，左手将球由身体的前方向右上方抛出，右手持拍从右方引球入拍，做完整的弧形引化动作，顺势将球抛出。发球时，运动员的一只支撑脚不得移位和离开地面（如图 4-5）。

发出的球因飞行轨迹不同，可分为高远球、平快球和网前球等几种。

（a） （b） （c）

图 4-5 发球

（一）高远球

高远球指运动员发出的，运行轨迹高而远，落点在对方场区底线附近的球。发球时，运动员先将球引入球拍，而后顺势做弧形引化动作，利用腿和腰的蹬转合力，以及手臂继续挥摆的力量，将球向上方抛出，球出球拍的瞬间拍框要朝向出球的方向。

（二）平快球

平快球指运动员发出的运行轨迹弧度较小、运行速度较快，具有一定攻击性的球。发球时，运动员的挥拍动作以向前用力为主，从而使球从接近网端的高度直奔对方的后场。运动员的发力一定要完整、连贯，肘或手腕不能在发球的后程突然加速发力。

（三）网前球

网前球指运动员发出的运行轨迹弧线较短，过网后立即坠落在对方场地内允许落球的近网处或边角处的球。发球时，运动员先将球引入球拍，而后顺势做弧形引化动作，将球柔和、准确地抛出。引化轨迹要饱满、自然流畅，运动员全身上下的用力要完整、连贯。

【常见错误】

（1）运动员以手腕或前臂为轴挥动球拍发球，无完整的弧形引化过程或引化动作不明显，采取硬性击球的方式。

（2）运动员没有明显的抛球动作，或利用身体遮挡发球。

（3）运动员为达到增加发球威胁的目的，横向挥拍，将球推出球拍。

（4）运动员为发出高远球，出球时利用手腕勾、挑球拍。

（5）运动员发球时，球拍的出球边框未与出球方向保持一致，出现明显的推、煽、压等错误动作。

【纠错方法】

（1）加强专项辅助练习，严格规范每个发球的技术动作。

（2）多做空拍练习，在练习中保持重心下沉并注意前后变化。

（3）进行自抛自接练习。通过练习来把握球入球拍时的角度，体会全身用力抛球出拍的过程，掌握每个球飞出球拍时拍框的正确位置与出球方向。

（4）对墙或对网发球。进一步体会全身用力的感觉，避免肘、腕单独发力。

(5) 利用场地固定物体，反复练习定位发球，培养自己发球的方向性、准确性和攻击性。

二、接发球

接发球是比赛中攻守转化的开始，它是一项在被动中求主动的技术，不仅要求运动员身体灵活、动作规范和判断准确，还要求运动员贯彻积极主动的指导思想。运动员运用合理的接发球技术可以破坏对方的发球抢攻，限制对方发挥特长技术，为自己的反击创造条件。如果运动员的接发球技术不好，不仅会直接失分，还会给对方更多的抢攻机会，让自己处于被动状态。

(一) 接高远球

运动员应采用正手基本站位或者反手基本站位，观察对方发球的动作，当对方发出高远球时，应积极主动地向后场底线后撤步，同时伸拍迎球，以腰部为中心向来球方向转体，重心下沉并后移到后侧支撑腿上，引球入拍后应顺势划弧，利用腿的蹬伸和腰的转体力量将球抛向对方场地。

(二) 接平快球

平快球一般是擦着球网飞来，攻击性强。接球时，运动员的脚步要快速移动，特别是接追身球时，更要先主动侧身动脚，再伸拍迎球，给持拍臂一个自由活动的空间。根据不同的来球方向，运动员可采取水平转正、正反手接抛高球等动作来应对。

(三) 接网前球

因为发球者的发球动作幅度小，所以网前球具有一定的隐蔽性和误导性，这要求运动员在接球时应采用垫步和弓箭步的脚步动作上前，充分利用腿部后蹬力量，重心前移，上身下压，上前的同时伸拍迎球，在保证动作正确性的前提下合理完成接抛球动作。

【常见错误】

（1）运动员的站位靠前或靠后，这会很容易让对方找到可攻击的空当。

（2）运动员在接球时两腿直立，只靠转腰或弯腰来接球。

（3）运动员在接球时，没有主动伸拍迎球，而是等球落在球拍上，造成硬性撞击或连击等。

（4）运动员接离自己远的球时，先伸拍再动脚。

（5）运动员接球的技术动作不合理。

【纠错方法】

（1）运动员的站位应靠近中线，并根据来球随时调整。

（2）运动员应多做持拍控球练习，多体会在场地上的感觉。

（3）运动员应进行各种脚步移动的练习，加强脚步的灵活性。

（4）两人一组，一抛一接反复练习。

三、基本步法

（一）柔力球步法

运动员应由接球前的准备动作开始，在对手抛球的瞬间，判断来球方向，同时双脚前脚掌迅速蹬地向来球方向起动。快速判断是迅速移动到位、争取有利的接球位置的前提和保证。网式柔力球中的步法有并步、垫步、跳步、跨步、交叉步、后撤步等，运动员步法的灵活多变为发挥技术动作的作用奠定了坚实的基础。如果运动员的步法与技术动作能协调一致，其技术水平一定能够发挥得更好，这要求运动员在平时训练中苦下功夫，抓好步法训练，并注意加强身体的柔韧性。

（二）起动

起动是运动员在中心位置上由准备接球姿势转为向击球位置出发的过程。在一场比赛中，运动员要起动几百次（基本上是每回击一拍就起动一次）。要想做到起动快，运动员必须反应敏捷、判断准确，并且起动的准备姿势必须正确，一般是右脚在前，左脚在后，前脚掌着地，脚跟提起，膝关节微屈，上体略微前倾，重心落在两脚之间，持拍于腹前，整个姿势要协调、放松。

（三）移动

移动指运动员从中心位置起动后到接球位置的过程，自中心位置到接球位置的步数，一般有一步、两步或三步，这要根据当时球距身体的远近来决定。影响运动员移动速度的因素有步数的多少、步频的快慢和步幅的大小。

（四）回动

回动指运动员在击球后，应尽力保持（或尽快恢复）身体平衡，并立刻向中心位置移动，以便在中心位置上做好迎击下一个来球的准备的过程。初学者必须要强化“回中心”的意识。当然，运动员会随着比赛经验的积累，逐渐体会到并非每出一次球都必须回到中心，而应根据实际情况，如双方技战术的特点，选择最适合对方来球的回动路线和回动位置。

四、步法技术术语

（一）并步

并步指运动员的一只脚先移动，另一只脚立即向先行脚并拢，以完成移动的步法。

（二）垫步

垫步指幅度小、速度快的步法，多用于步法间的衔接。

（三）跳步

跳步指运动员为争取抛接时间和获得抛接高度而腾空跃起的步法。运动员可利用跳步配合完成各种抛接动作。

（四）跨步

跨步指运动员一只脚向前（后、左、右）跨步，伴随着手臂动作完成抛接球的步法。步法间的调整多用小步，跨大步则用于最后抛球。

（五）后撤步

后撤步指运动员的前脚向后方撤的步法。该步法的动作幅度大，用于调整站位，便于运动员应对追身球。

（六）蹬步

蹬步指运动员在准确判断来球后，上体略微向左（右）侧倾倒，用左（右）脚掌内侧用力蹬地，右（左）脚同时向右（左）侧跨大步，髋关节随之右（左）转，上体略微向右（左）侧倾倒，重心在右（左）脚上，同时举拍迎球的步法。击球后，运动员应立即退回中心位置。

（七）交叉步

交叉步指运动员的左右脚交替向前、向侧或向后移动的步法。经另一只脚向前面跨越的为前交叉步；经另一只脚向后面跨越的为后交叉步。交叉步可应用于运动员后退打后场球时。

（八）小碎步

小碎步指运动员以小交叉步移动的步法。因为该步法要求步幅小、步频快，所以运动员一般在开始起动或回动时使用。

第三节 基本技术动作

一、正手接抛球

（一）正手高接低抛球

【动作说明】

正手高接低抛球指运动员正手握拍，接抛身体右前上方来球的方法。运动员应根据来球方向及时调整站位，使接球位置处于身体右前上方，持拍臂向右前上方伸拍迎球。引球入拍后，运动员右手持拍顺势向后、向下再向前做弧形引化，从右前下方将球向前抛出（如图 4-6）。

【要求与要点】

运动员在接球时，应让球从球拍的侧框切入，并从入球点对面的侧框出拍，出球点的侧框应与出球方向保持一致。运动员要注意身体重心的转移，双脚蹬地、腰部扭转。

（a）（b）（c）

图 4-6 正手高接低抛球

（二）正手低接高抛球

【动作说明】

正手低接高抛球指运动员正手握拍，接抛身体右前下方来球的方法。运动员应正手握拍，使接球位置落于身体右前下方，持拍臂要以肩为轴向右前下方伸拍迎球。引球入拍后，运动员的右手应顺势迅速向右后 45 度方向做弧形引化，经右前上方将球抛出（如图 4-7）。

【要求与要点】

运动员的弧形引化动作要连贯，双脚蹬地与腰部扭转动作要协调一致。球要从球拍侧框正对方向飞出。

图 4-7　正手低接高抛球

二、反手接抛球

（一）反手高接低抛球

【动作说明】

反手高接低抛球指运动员反手握拍来接抛球，并使接球位置处于身体左侧的方法。运动员的持拍臂以肩为轴，通过外旋，从右前上方向左前上方伸拍迎球，球拍的边框要正对来球方向。引球入拍后，运动员的右手应顺势迅速向左后下方做弧形引化，将球经右腿的左前下方向前抛出（如图 4-8）。

【要求与要点】

运动员要及时、准确地调整站位，持拍手前伸迎球时，球拍的外框一定要对着来球。注意身体重心要稳，腿部主动蹬转，发力协调，腰部扭转，重心随着弧形引化动作的进行而变化。

(a)　　(b)　　(c)

图 4-8 反手高接低抛球

(二) 反手低接高抛球

【动作说明】

反手低接高抛球指运动员反手握拍来接抛球，并使接球位置处于身体右前下方的方法。运动员的持拍臂以肩为轴，在引球入拍后顺势向左后上方做弧形引化，将球经身体左前上方向前抛出（如图 4-9）。

【要求与要点】

运动员挥动持拍臂要以肩为轴，弧形引化动作要连贯，双脚蹬地与腰部扭转动作要协调一致。

(a)　　(b)　　(c)

图 4-9　反手低接高抛球

三、体前平弧球

（一）左平弧球

【动作说明】

左平弧球指运动员正手握拍来接抛球，并使接球位置处于身体前偏右侧的方法。运动员的右前臂内旋，向右前下方伸拍迎球，拍面与地面垂直，拍头侧沿朝向地面。引球入拍后，运动员的持拍臂迅速在身体前向左侧做弧形引化，并在身体的左侧将球抛出（如图 4-10）。

【要求与要点】

运动员要主动上前迎引来球，出球时，不要挑、抖手腕发力。

(a) (b) (c)

图 4-10 左平弧球

(二) 右平弧球

【动作说明】

右平弧球指运动员正手握拍来接抛球，并使接球位置处于身体前偏左侧的方法。运动员的右前臂外旋，向左前下方伸拍迎球，拍头侧沿朝向地面。引球入拍后，运动员的持拍臂迅速在身体前向右侧做弧形引化，并在身体的右侧将球抛出（如图 4-11）。

(a) (b) (c)

图 4-11 右平弧球

【要求与要点】

运动员要主动上前迎引来球，出球时，不要挑、抖手腕发力。

四、隐蔽球

（一）头后隐蔽球

【动作说明】

头后隐蔽球指运动员以正手握拍来接抛球，并使接球位置处于头部左侧的方法。运动员的持拍臂前臂外旋，引球入拍后，顺势向后做水平弧形引化，身体向左侧扭转约 90 度，将球从左肩上方抛出（如图 4-12）。

【要求与要点】

运动员的脚蹬地、腰部扭转动作要协调一致、自然轻松，注意出球时头部要向前，眼看出球的方向。

（a）　　（b）　　（c）

图 4-12　头后隐蔽球

（二）腋下隐蔽球

【动作说明】

腋下隐蔽球指运动员以正手握拍来接抛球，并使接球位置处于身体左侧的方法。运动员在引球入拍的同时，右脚向前跨出一步，身体向左侧扭转约 90 度，侧对进攻方向。引球入拍后，运动员的持拍臂应顺势向身体的左后方引化，将球从左腋下方抛出（如图 4-13）。

【要求与要点】

运动员的脚蹬地、腰部扭转动作要协调一致、自然轻松，注意出球时头部要向前，眼看出球的方向。

（a）　（b）　（c）

图 4-13　腋下隐蔽球

（三）腿下隐蔽球

【动作说明】

腿下隐蔽球指运动员以正手握拍来接抛球，并使接球位置处于身体右前方的方法。运动员在伸拍迎球的同时，右腿上步成支撑腿，左腿提起，并顺势将引入球拍的球隐藏于左腿内侧，做弧形引化至腿下抛出（如图 4-14）。

【要求与要点】

运动员要主动伸拍迎球，弧形引化动作要连贯，支撑腿要站稳，提腿动作要迅速。

(a)　　(b)　　(c)

图 4-14　腿下隐蔽球

（四）肩后隐蔽球

【动作说明】

肩后隐蔽球指运动员以正手握拍来接抛球，并使接球位置处于身体右前上方的方法。运动员在接球时将拍尖朝上，引球入拍后，手臂外展，双腿微微屈蹲并扭转腰部，带动持拍臂围绕身体纵轴转动，使球拍经肩后至身体左上方将球抛出（如图 4-15）。

【要求与要点】

运动员的左臂外展以保持身体平衡，以身体纵轴为中心扭转腰部。

（a）　（b）　（c）

图 4-15　肩后隐蔽球

（五）身后隐蔽球

【动作说明】

身后隐蔽球指运动员以正手握拍接抛球，并使接球位置处于身体右前下方的方法。运动员在接球时将拍尖朝下，引球入拍后，双腿微微屈蹲并扭转腰部，带动持拍臂围绕身体纵轴转动，使球拍经身体后至身体左侧下方将球抛出（如图 4-16）。

【要求与要点】

运动员的腰部要自然扭转，手脚配合协调，持拍臂要围绕身体纵轴转动。

（a）　（b）　（c）

图 4-16　身后隐蔽球

第四节 高级技术动作

一、左、右旋转球

（一）水平左、右旋转球

1. 水平右旋转球

【动作说明】

水平右旋转球指运动员正手握拍，当球向身体右前上方飞来时，持拍臂向右前上方伸拍迎球，同时右脚支撑，左脚迅速蹬地，持拍臂以身体纵轴为中心向右水平旋转。在球出拍的瞬间，出球点所在的拍框边沿要与出球方向保持一致。在旋转的过程中，运动员的头部要稍领先于身体，以便提前观察对方的站位情况，从而做出判断，将球攻入对方防守疏漏的区域（如图 4–17）。

【要求与要点】

运动员的左手臂侧平举以保持身体平衡，持拍臂以身体纵轴为中心旋转，上身不可前倾或后仰。

（a）　（b）　（c）

图 4–17　水平右旋转球

2. 水平左旋转球

【动作说明】

水平左旋转球指运动员正手握拍，当球向身体左前上方飞来时，持拍臂向左前上方伸拍迎球，同时左脚支撑，右脚迅速蹬地，持拍臂以身体纵轴为中心向左水平旋转，从身体右侧将球抛出。在旋转的过程中，运动员的头部要稍领先于身体，以便提前观察对方的站位情况，从而做出判断，将球攻入对方防守疏漏的区域（如图 4-18）。

【要求与要点】

运动员的左手臂侧平举以保持身体平衡，持拍臂以身体纵轴为中心旋转，上身不可前倾或后仰。

（a） （b） （c）

图 4-18 水平左旋转球

（二）原地侧旋转球

1. 原地右侧旋转球

【动作说明】

原地右侧旋球指运动员正手握拍，当球向身体右前下方飞来时，持拍臂向右前下方伸拍迎球，同时右脚后撤，前脚掌外转以支撑身体，左脚迅速蹬地。在身体合力的带动下，运动员的持拍臂从身体右前下方侧旋至左前上方，将球沿着旋转圆弧的切线方向抛出（如图 4-19）。

【要求与要点】

在旋转的过程中，运动员的头部要稍领先于身体，左手自然打开以保持身体平衡。

(a) (b) (c)

图 4-19 原地右侧旋转球

2. 原地左侧旋转球

【动作说明】

原地左侧旋转球指运动员反手握拍，当球向身体左前下方飞来时，持拍臂向左前下方伸拍迎球，同时左脚后撤，前脚掌外转以支撑身体，右脚迅速蹬地。在身体合力的带动下，运动员的持拍臂从身体左前下方侧旋至右前上方，将球沿着旋转圆弧的切线方向抛出（如图 4-20）。

【要求与要点】

在旋转的过程中，运动员的头部要稍领先于身体，左手自然打开以保持身体平衡。

（a）　　（b）　　（c）

图 4-20　原地左侧旋转球

二、腾空旋转球

（一）腾空水平旋转球

1. 腾空水平右旋转球

【动作说明】

腾空水平右旋转球指运动员正手握拍，当球快速地向身体右前上方飞来时，运动员两脚迅速蹬地，使身体获得腾空和水平旋转的力量。在腾空旋转的同时持拍臂向右前上方迎球，引球入拍后，运动员借身体旋转的力量带动持拍臂将球从身体左侧甩出球拍（如图 4-21）。

【要求与要点】

在双脚蹬地时，运动员要适当扭转腰部来控制球的速度。出球点所在的拍框外缘与出球方向保持一致。

(a)　　(b)　　(c)

图 4-21　腾空水平右旋转球

2. 腾空水平左旋转球

【动作说明】

腾空水平左旋转球指运动员反手握拍，当球快速地向身体左前上方飞来时，运动员两脚迅速蹬地，使身体获得腾空和水平旋转的力量。在腾空旋转的同时持拍臂向左前上方迎球，引球入拍后，运动员借身体旋转的力量带动持拍臂将球从身体右侧甩出球拍（如图 4-22）。

【要求与要点】

在双脚蹬地时，运动员要适当扭转腰部来控制球的速度。出球点所在的拍框外缘与出球方向保持一致。

(a)　　(b)　　(c)

图 4-22　腾空水平左旋转球

（二）腾空侧旋转球

1. 腾空右侧旋转球

【动作说明】

腾空右侧旋转球指运动员正手握拍，当球向身体右前下方飞来时，运动员的持拍臂向右前下方伸拍迎球，同时滑步调整站位，引球入拍后，左脚侧蹬地，右脚支撑起跳，使身体在空中旋转，带动手臂、球拍和拍中的球由身体右前下方经身体后向上到身体左前上方，再向前划出一个完整的弧线。在这个弧线的最高点处，将球沿着这个弧线的切线方向抛出（如图 4-23）。

【要求与要点】

运动员在起跳时，必须向后上方跳，左臂伸展，以保持身体在空中的平衡。

(a) (b) (c)

图 4-23 腾空右侧旋转球

2. 腾空左侧旋转球

【动作说明】

腾空左侧旋转球指运动员反手握拍，当球向身体左前下方飞来时，运动员的持拍臂向左前下方伸拍迎球，同时滑步调整站位，引球入拍后右，脚侧蹬地，左脚支撑起跳，使身体在空中旋转，带动手臂、球拍和拍中的球由身体左前下方经身体后向上到身体右前上方，再向前划出一个完整的弧线。在这个弧线的最高点处，将球沿着这个弧线的切线方向抛出（如图 4-24）。

【要求与要点】

运动员在起跳时，必须向后上方跳，左臂伸展，以保持身体在空中的平衡。

(a) (b) (c)

图 4-24 腾空左侧旋转球

【本章小结】

网式柔力球的“形”，主要指球体在运动过程中所表现出来的整体形状，球体的路线要正确，运动员的技术动作要合理；“技”指技巧，主要指运动员与球、球拍之间的配合技巧；“法”指运动员完成入球、引球和出球的动作方法，包括握拍方法、步法等。网式柔力球的技术动作主要包括发球技术动作、接发球技术动作、体前平弧球技术动作、隐蔽球技术动作和腾空旋转球技术动作等。

【思考与练习】

1. 网式柔力球技术有哪些基本要素？

2. 网式柔力球有几种握拍方法？握拍的基本要求是什么？

3. 网式柔力球主要包括哪几类技术动作？请举例说明其技术要领、易犯错误以及纠错方法。

第五章

柔力球的教学理论与方法

【本章导读】 柔力球教学的任务是教师帮助学生学习、掌握技术动作。本章介绍了柔力球教学的基本原则；柔力球教学的内容和方法；技术动作；相关的教学文件。

【教学目标】 1. 了解柔力球的教学目的和要求。

2. 掌握柔力球各教学阶段、教学原则以及教学方法。

3. 掌握柔力球教案的撰写方法。

第一节　柔力球的教学任务与要求

一、柔力球的教学目的和任务

（一）柔力球的教学目的

在柔力球教学活动中，教师要遵循运动技能形成的基本规律，并考虑到教学对象的个体差异，有针对性地设计教学方案，选择教学方法，进而提高教学效果，最终使学生在不同的学习阶段正确练习技术动作，了解技能形成的理论，从而准确掌握运动技术体系。

（二）柔力球的教学任务

柔力球教学是教师有组织、有计划地向学生传授柔力球的理论知识、技术和方法，培养其集体主义精神和民族自豪感的一项活动。

柔力球教学的任务包括以下几个方面。

（1）弘扬中华优秀传统文化，培养学生的集体主义精神和民族自豪感，增强民族凝聚力。从柔力球的发展历程来看，它的形成与发展蕴含着中华民族优秀的传统文化。因此，在柔力球的教学过程中，教师不仅仅要向学生传授柔力球的理论知识、技术和方法，还要向学生介绍中国优秀的太极文化，使学生了解中华优秀传统文化。

（2）传授柔力球的理论知识、技术和方法，为今后更广泛地传播、推广柔力球奠定坚实的基础。

（3）提高学生的身体素质和运动技能，促进全民健身运动的发展。通过学习、训练和竞赛，学生可以全面提高参与柔力球运动所必需的专项身体素质，从而为自身提高技术水平奠定坚实的基础。

（4）培养学生的审美意识、集体主义精神，以及团队合作、吃苦耐劳等优良作风。

二、柔力球技术的教学要求

在柔力球练习中，弧形引化动作的完成是建立在运动员每个回合的抛接动作上的。这个抛接过程一般可以分为直接关联的5个阶段，即判断来球、移动步法、挥拍弧形引化、随势挥拍和身体还原。柔力球技术教学的核心任务是让学生建立一种熟练、实用的技术动作系统，这个系统要达到以下要求。

（一）结构合理

结构合理指在学生的初学阶段，教师要保证教学内容中有合理的弧形引化动作，每个技术动作既包含着未来技术发展的因素，也包含着与其他技术结合的因素。因此，在技术动作掌握初期，学生建立起合理的技术动作结构，将会为技术的不断发展打下良好的基础。

（二）自动化

根据来球性质，学生可以准确做出与来球相适应的弧形引化动作。

（三）连锁性

每个自动化的弧形引化动作，都是由步法移动、引拍、挥拍、重心转移、动作还原等几个环节构成的，具有一定的连锁性。

（四）变化性

即便是采取同一种弧形引化动作，学生也可以在瞬间改变抛球方向、用力大小和旋转的强弱程度，以更好地发挥弧形引化动作的效果。

（五）技术动作的全面性和特长性

学生只有全面掌握各种技术动作，才能应对各种实战局面。另外，学生可以根据不同的打法形成具有自己特色的技术动作，这也是制胜的有力武器。技术动作的全面性和特长性是辩证统一的。

第二节 柔力球的教学阶段

教师要想做好柔力球的教学工作，提高教学质量，使学生高效率地掌握柔力球的基本技术，研究、分析柔力球技术动作形成的规律是十分必要的。

根据运动技能的形成规律和柔力球运动的特点，柔力球的技术教学过程可以划分成3个阶段，即初步掌握阶段、改进提高阶段和运用自如阶段。

一、初步掌握阶段

（一）初步掌握阶段的特点与表现

1. 生理特点

在这个阶段中，学生初次接触柔力球技术动作，他们在生理上的反应是大脑皮层出现兴奋扩散，条件反射联系处于泛化阶段。经过教师的讲解和示范，以及学生初学技术动作时接收到的内外刺激，本体感觉传到大脑皮层，引起大脑皮层的兴奋或抑制的广泛扩散，此时尚未建立起连贯的定型，分化抑制不完善，反馈调节出现异常，使不该收缩的肌肉参加了收缩。总之，学生对技术动作建立的条件反射还不牢固。

2. 心理特点

由于柔力球本身的文化特点和技术动作的丰富性、新颖性，它很容易激发学生的学习兴趣，如果学习效果比较明显，学生的学习积极性会更高，从而加速掌握柔力球技术动作的进程。但是在这一阶段，学生建立的技术概念还不牢固，很容易使技术动作变形，因此教师要抓好规范动作的教学工作。并且，学生对柔力球技术动作的片面理解，容易造成其技术的不稳定，所以教师在教授每个动作时都要严格组织纪律，向学生讲清学习柔力球的目的、意义及柔力球的运动特点。

3. 外在表现

因为学生在初学技术动作时对来球判断不准确，引化来球不及时、不充分，所以容易出现多余动作，且动作紧张、费力、不协调。这些问题主要是学生的大脑皮层出现兴奋扩散，尚未建立起本体感觉的运动条件反射造成的。

（二）教学中的注意事项

（1）因为学生尚未建立起精确的肌肉感觉，学习技术动作主要是靠视觉分析器发挥作用，所以教师应在本阶段的教学中根据教材的内容和学生的实际水平，多运用形象化的教学手段，将示范与讲解结合进行。以示范为主的教学方法可使学生在模仿学习中通过视觉反馈逐步建立肌肉感觉。在进行示范教学时，教师的技术动作要正确、熟练、轻松、优美，给学生建立一个正确、生动、完整的技术动作概念；讲解要精练、通俗、形象、有针对性，并抓住技术重点启发学生，这有助于学生迅速掌握技术。

（2）使学生尽快掌握柔力球的基本技术。在教学中，教师应根据教材特点，正确运用完整法和分解法的教学方法。完整法和分解法通常是紧密配合的，一般来讲，完整法强调动作路线，常用于简单动作讲解时；分解法强调动作方法，常用于高难度动作讲解时。在分解法教学中，教师要注意不宜将动作分得过细，以免破坏动作的完整性。因此，在教学中，教师应根据学生的接受能力等具体情况，把完整法和分解法结合使用。在此需强调，在教学中使用完整法，一般遵循“完整——分解——再完整”的教学原则，即教师先完整示范一遍高难度动作，让学生有一个完整的动作概念，然后分解动作，进行示范、讲解、领做，待学生基本掌握分解动作后，再进行完整动作的示范教学。

（3）在学生初步掌握柔力球技术动作后，必须要让其反复练习，强化条件刺激。学生只有反复练习技术动作，让机体承受一定的运动量，并与球、球拍之间配合默契，才能形成技术动作的概念。

（4）教师在教学安排上，要注意贯彻由易到难、由简到繁、由低到高的循序渐进原则。因为在初步掌握阶段，学生并不完全理解技术动作的内在规律，动作的条件反射不够稳定，如果在这一阶段不遵循循序渐进原则，学生就容易出现错误动作的动力定型。并且，教师除了要遵循以上原则之外，还要安排一些难度较低、结构类似的动作进行诱导练习，这对学生掌握技术动作具有一定的积极作用。

（5）帮助学生全面提高身体素质，提升身体机能和适应能力。同时，也要注意让学生在一定的安全保护下增强肌肉运动的感觉，消除防御性反射对练习的干扰。

（6）教师对学生完成动作的情况应多肯定和鼓励，多从正面对学生的动作提出要求，如使用“速度劲力很好”“精气神很饱满”等话术，这有利于学生加快建立条件反射。

二、改进提高阶段

（一）改进提高阶段的特点与表现

1. 生理特点

经过在初步掌握阶段的基础上不断强化，学生建立了较牢固的动作条件反射和动力定型，大脑皮层的运动中枢兴奋与抑制过程逐渐集中，分化能力增强，大脑皮层在空间和时间上按固定的运动顺序建立了动力定型。因此在改进提高阶段，学生对技术动作的要领有了一定的理解，能较正确地分析和完成技术动作，而且学生之间的配合也更加默契。

2. 外在表现

学生已经掌握了较正确的弧形引化动作，肌肉感觉较清晰，节奏处理得较好，而且具备了一定的球感，肌肉用力和放松较协调，弧形引化动作失误减少，命中率显著提高。但是，由于动作的动力定型尚不牢固，学生在遇到干扰刺激或双方配合上的问题时，很容易出现掉球等失误。

（二）教学中的注意事项

在改进提高阶段，教师的主要教学任务是帮助学生在初步掌握技术动作的基础上，不断巩固提高，让学生进一步掌握技术动作的细节，提高协调性和动作的节奏感，以及“柔、圆、退、整”意识，提高技术动作的完成质量，巩固已建立的动力定型，使学生逐步做到连贯、正确地完成技术动作。

（1）因为学生建立了完整的技术概念，并从反复实践中对技术动作有了体会，所以学生具备了一定的概括能力。而教师在教学中运用精练、准确的语言可以起到代替示范等具体信号的作用。

（2）通过教师的正确示范和学生的练习，强化学生对正确的技术动作的记忆。教师要通过分析学生的技术动作，及时找出错误动作并纠正，来帮助学生提高技术动作的完成质量，以免其形成错误动作的动力定型。

（3）结合柔力球运动的“柔、圆、退、整”等特点进行教学，可以帮助学生加深对技术动作的理解。

（4）教师可以采用加大难度和增大练习密度等手段来帮助学生提高技术动作的准确度。

（5）教师在这一阶段主要采用完整法教学来帮助学生加深对技术动作基本特性的理解（如速度、幅度、意识等），进而使其提高演练技巧。分解法常用于纠正错误动作或进行整套技术中某一难度动作的教学。

三、运用自如阶段

（一）运用自如阶段的特点与表现

1. 生理特点

在运用自如阶段，学生对技术动作的掌握已基本牢固了，大脑皮层中的兴奋与抑制在运动中枢内形成了牢固的动力定型，分化抑制完善，反馈调节能力增强。总之，学生在这一阶段建立了牢固的技术动作的条件反射和动力定型。

2. 外在表现

学生的技术动作趋于熟练，在不同条件下能准确地完成技术动作，而且某些环节的技术动作还可达到自动化程度。学生在做弧形引化动作时，表现为肌肉感觉清晰，球感很好，肌肉用力和放松较协调，弧形引化动作的成功率显著提高。

（二）教学中的注意事项

根据以上特点，在运用自如阶段，教师的主要教学任务是帮助学生牢固掌握技术动作，根据教学大纲、计划的标准要求学生完成套路技术动作。

（1）增加完成技术动作的次数。为了进一步提高学生对技术动作的熟练程度，教师应在学生掌握了技术动作后，让其不断增加完成次数，从而巩固已建立的条件反射，强化本体感觉。

（2）加强学生对技术动作的审美意识，提高柔力球套路的演练水平。在套路练习中，教师不仅要向学生强调柔力球动作的规格，还要要求学生把太极的“精气神”体现出来。教师在这一阶段要培养和加强学生对技术动作的审美意识，并在教学中讲解、示范技术动作的特点，加深学生对技术动作的理解，从而提高学生的套路演练技巧。

（3）如果教师在这一阶段发现学生有错误的技术动作，应及时、彻底地加以纠正，提高学生技术动作的完成质量，以免形成错误动作的动力定型。

（4）因为这一阶段对学生的运动量与技术都有更高的要求，学生要承受较大的负荷量，所以教师的教学目标应是将提高学生的技术与提高学生的身体素质结合起来，在每堂课中都可以结合柔力球的基本功练习来发展、提高学生所必需的柔力球专项素质（如上肢力量、速度、耐力等）。

总之，柔力球技术教学的 3 个阶段是相互联系、互为条件、互相作用的，各阶段没有明显的界线。教师应该灵活地运用教学方法，使这项新兴的体育运动朝着科学化、系统化迈进。

第三节　柔力球的教学原则

教学原则是教学过程客观规律的反映，是教学工作必须遵循的基本要求。在柔力球教学中教师要遵循教学原则，以利于顺利完成教学任务和提高教学质量。

一、自觉积极性原则

自觉积极性原则指教师要充分调动起学生的主动性和创造性，发挥学生学习的主体作用，使学习成为学生的自觉行为。教师在教学中运用自觉积极性原则，应注意以下几点。

（一）明确学习目的

教师在柔力球教学初期就应对学生阐明学习的目的、任务、要求、考核项目与标准，使学生认识到该运动在健身、竞赛等方面的意义，增强学生学习的自觉性和积极性。每次课开始时也要让学生明确知道本课的任务、内容与要求。在学习每个动作时，教师应向学生讲明所学动作的作用，使学生始终能有目的地学习。

（二）培养学生对柔力球的兴趣

从某种意义上说，兴趣是最好的老师，所以在柔力球教学中，培养学生的兴趣至关重要。学生一旦对柔力球产生兴趣，他们就会努力克服困难，认真研究技术，自觉练习动作，不断提高水平。在教学过程的各个阶段，教师都要根据学生的情况，提出切合实际的要求，使学生通过一定的努力能够达到，要使学生在每次课上都有新体会，都能看到自己的进步。对基础较差、起步较慢的学生，要多鼓励、帮助，采用适合他们的教学方法和手段，帮助他们加快掌握动作的过程；对基础好、进步快的学生，应适当提高要求，使他们能学到更多的知识、技术和技能。课程安排应多样化，动静交替，不同身体部位参与的动作练习要穿插进行，可适当采用游戏、比赛等方法，使柔力球教学成为一个生动、活泼的过程。

（三）了解和把握学生的心理活动的规律

在柔力球教学中，教师要善于了解和把握学生的心理活动的规律，及时发现学生出现的不良心理现象，并有针对性地解决由此引发的具体问题。学生在刚学会柔力球时容易出现不注意动作质量的冒进心理；遇到困难，完不成任务时会产生悲观失望心理；纠正错误、改进动作效果不明显时易产生焦虑心理。在教学中，教师应针对导致学生产生各种不良心理现象的原因，因人而异、“对症下药”，采用正确的方法来帮助学生消除不良心理。

（四）发挥教师的主导作用

要调动学生学习的自觉性，必须发挥教师的主导作用。教师既要为人师表，热爱自己的教育工作，注意自己的言行举止，又要严格要求学生，建立良好的师生关系。在柔力球教学中，教师应做到精益求精，上课时精神振作、口令清晰、声音洪亮、手势清楚、讲解生动易懂。教师还应努力提高动作示范的质量，通过准确、优美、轻松、自如的动作示范，激发学生的学习兴趣。

二、循序渐进原则

循序渐进原则指教师根据学生的认知规律、动作技能的形成规律和人体生理机能活动能力的变化规律，合理安排教学内容和运动负荷，选择合适的教学方法，由简到繁，由易到难，由未知到已知，逐步深化，使学生能系统地学习和掌握知识、技术和技能，逐步提高身体素质，增进健康。教师在教学中运用循序渐进原则，应注意以下几点。

（一）编制好教学文件

在进行柔力球教学时，必须编制好切实可行的、完整的教学文件，教学文件包括课程教学大纲、学期教学进度、课时计划和教案等。教师应认真研究教材，了解教材的系统性，把握各项内容之间的关系，以便在编制教学文件时体现循序渐进原则，使每学期、每次课的教学内容前后衔接，逐步提高教学要求。

（二）安排好教学内容和组织教法

在安排教学内容和组织教法时，要由简到繁，由易到难，由浅入深，循序渐进，逐步提高，以利于学生接受。例如，教师在教授某个动作前，让学生依次做徒手练习—空拍练习—有球练习；在训练学生的正手技术和反手技术时，要先让学生做原地的弧形引化动作练习，待其熟练后，再进行跑动中的弧形引化动作练习。

（三）逐步加大运动负荷

一堂课的运动负荷应从小到大，逐步上升，并保持在一定的水平上，然后逐步下降。一个季度或一个学期的运动负荷安排，也必须遵循这一原则，这不仅有利于增强学生的体质，也有利于提高和巩固学生的运动技能。初学的学生在练习时肌肉紧张，容易疲劳，因此运动负荷不能太大，可待其身体条件、技术基础提高后，再逐步增加练习时间。

三、因材施教原则

因材施教原则指教师既要对全体学生提出统一要求，又要根据不同学生的个体差异区别对待，把集体教学和个别指导结合起来，使每个学生的才能和身心健康都得到充分发展。教师在教学中运用因材施教原则，应注意以下几点。

（一）了解学生的一般情况和个体特点

在教学时，教师应通过各种途径和方法，切实掌握学生的情况，如思想素质、意志品质、接受能力、身体状况、武术基础等。教师既要掌握教学班的一般情况，又要了解学生的个体特点，以便采取不同的措施，因材施教。

（二）一般要求和区别对待相结合

一般要求应是教师根据柔力球教学大纲的基本规定提出的，力求符合学生的年龄、性别、基础和身体发展水平，它应该是全体学生经过努力可以达到的。教师应把精力放在全体学生能力的普遍提高上，使多数学生达到教学的一般要求。因为学生的身心发展不平衡，一些学生会觉得学习“太容易”，而另一些学生会觉得学习“太困难”，所以教师在面向全体学生的同时，还要注意兼顾两头，区别对待。对基础好的、接受能力强的学生，可加快进度，提出更高的要求，以满足他们的学习欲望；对基础差、接受能力差的学生，则应耐心辅导，适当放慢教学进度，降低练习强度，使他们能逐步达到一般要求。

四、巩固提高原则

巩固提高原则指教师要使学生牢固掌握所学的知识，逐步完善技术和技能，建立正确的动力定型，并不断提高身体素质，达到增强体质的目的。教师在教学中运用巩固提高原则，应注意以下几点。

（一）集中安排柔力球课

上柔力球课的时间最好相对集中，每周排2~3次课，以利于学生巩固运动技能，避免课与课间隔太久导致学生的运动技能消退。

（二）反复练习，逐步提高

在柔力球教学中，教师要组织学生反复练习。在学生初步掌握技术动作后，就应让其进行大量练习，使其对技术动作的掌握从量变发展到质变，逐步形成正确的动力定型。反复练习不是简单的重复，而是要不断对学生提出新的、更高的要求，并对他们进行技术评定，使学生看到自己的进步，从而激发学生学习的自觉性，促进其运动技能的巩固与提高。

（三）改变练习条件，提高练习难度

在柔力球教学中，教师改变练习条件对学生巩固所学知识、提高技术和技能可以起到良好作用。改变练习条件，不仅可以检查学生掌握技能的

熟练程度，使学生的运动技能得到进一步提高，还可以丰富教学手段，使学生对学习保持新鲜感。

第四节　柔力球的教学组织形式与步骤

一、柔力球的教学组织形式

在整个柔力球教学过程中，安排合理的组织形式，有助于学生更好地完成学习任务。柔力球课的组织形式一般可分为集体教学、分组教学、个别教学 3 种，教师可根据教学任务和学生的实际情况进行选择。

（一）集体教学

集体教学，就是把全班同学集中在一起进行教学活动的一种形式。如教师讲解示范动作的规格要求，集体纠正错误动作，以及学生集体体会动作要领。另外，课前的常规准备活动、课后的放松整理和小结等教学活动通常也是采用集体教学的形式。

优点：可以培养学生的集体主义精神，发挥全班同学团结协作的集体作用；便于维持组织纪律，节省讲解示范的时间；可以很好地控制学生的运动量；教师还可以总体把握全班的情况，从而达到良好的课堂效果。

缺点：不能因人而异地安排运动量，这容易造成一部分学生“吃不饱”，而另一部分学生“吃不了”的现象；另外，学生没有自己独立体会技术动作的机会，教师进行个别指导也受到限制。

采用柔力球集体教学应注意以下几个问题。

（1）由于在集体教学时学生人数较多，给教学管理带来了一定的难度。因此，教师在集体教学中一定要抓好学生的组织纪律，并提出一定要求和制订切实可行的保障措施。

（2）教师进行讲解、示范、领做、指挥的位置要适当，以免有些学生听不清、看不见，影响了集体教学的质量。

(3) 在集体教学中，教师一般不纠正个别错误，否则会影响大部分学生的活动。但是，若出现普遍性错误应及时提出来并加以纠正。

(4) 在讲授新内容时，教师要处理好讲解动作和让学生拿球拍学习动作这两者之间的关系，使集体教学形式多样、不死板。

(二) 分组教学

分组教学是在一堂课中，教师把学生分成几个小组进行教学的形式。这种形式灵活，教师可以根据学生的实际情况，如性别、身体素质、接受能力等进行分组，因材施教，进而提高教学效果。同时，分组教学练习的密度也可以加大，让学生进一步复习、巩固已掌握的动作，提高技术。

优点：一方面，它可以方便教师指导学生，而且同组内的学生水平基本接近，有利于教师发现共性问题，并加以纠正；另一方面，本组内的学生可以相互交流、相互影响，有助于提高技术。因为分组的依据不同，所以可以解决多种教学问题。如按性别分组，可以解决教学中性别要求的负荷安排的差异性问题；按水平高低来分组，可以解决有的学生“吃不饱”，有的学生“吃不了”的问题。采用分组教学还可以调动学生的积极性；培养学生的组织能力和自我控制能力；培养学生的集体主义观念，发挥各组的优势进行比赛；使教学场地得到有效利用。

缺点：不利于教学管理，学生的情绪和注意力不易集中等。

采用柔力球分组教学应注意以下几个问题。

(1) 要充分发挥小组长的作用。小组长应由学习目的明确、有一定的组织能力、技术好的学生来担任，教师要抓好小组长的管理和培训工作。

(2) 教师对每组的教学任务、目标以及要求要布置清楚，明确学生练习的目的。

(3) 教师要对整个课堂加强管理，有计划、有目的地进行小组或个别检查、辅导，要及时提醒那些自觉性差的学生。

(三) 个别教学

个别教学是在分组教学时，教师对一个或组内几个学生进行个别教学或辅导的形式。个别教学的灵活性较大，教师可以根据实际情况区别对待辅助对象，并能纠正一些在集体教学中未能纠正的个别学生的错误动作，但它也存在着不易全面照顾学生的缺点。

教师在采用个别教学时应注意以下几个问题。

（1）充分发挥学生中技术骨干的作用。

（2）要“抓重点带一般”，但最后还是要落在大家的集体配合上。

（3）根据学生学习的具体情况，具体问题具体解决，区别对待学生，不断提高个别教学的效果。

（4）在个别教学中发现的共性问题，可以在集体教学中加以解决。

二、柔力球的教学步骤

不管是套路演练还是竞技对抗，都是由柔力球单个技术组成，每个动作都包含着方向路线、架势结构、劲力方法、心志意向、节奏神韵等要素。教师在教学中应根据运动技能形成的规律，通过一定的步骤使学生逐步掌握动作。柔力球教学一般可分为5个步骤。

（一）使学生掌握动作的方向路线

教师的正确示范和要领讲解，可以使学生弄清动作的方向路线。教师对动作姿势可作一般要求，否则易引起学生的疲劳，分散他们在掌握方向路线过程中的注意力，从而降低学习效率，影响教学任务的完成。

（二）使学生的动作姿势准确、工整

在学生掌握了动作的方向路线之后，教师要按正常的速度进行正确示范，并组织学生反复练习，纠正错误动作，强调动作细节的准确性，帮助学生克服肌肉紧张、僵硬、不协调等反应，使正确的动作逐步定型。

（三）使学生连贯完整地完成动作

教师要根据套路的节奏进行正确、连贯、完整的示范，使学生明确动作之间衔接的方法与技巧，并严格地组织练习，强调动作协调、完整。

（四）使学生掌握动作的特点与演练技巧

教师通过对动作的性质、劲力、风格、节奏的分析，进一步讲解如何将精神、意气与形体动作结合。在教师的指导下，学生能够感受到柔力球这一项目的动作特点，掌握“形神兼备”“内外合一”的演练技巧。

（五）通过训练继续巩固与提高

这一步要求教师认真组织学生训练，对前4个步骤掌握的动作技术进行巩固与提高，使学生在改正错误动作的同时巩固正确动作的动力定型。

第五节 柔力球的教学方法

教学方法是教师完成教学任务的手段与途径，科学地运用教学方法对充分调动学生的积极性、完成教学任务和提高教学效果有着重要的意义。教学方法的运用要根据教学任务、教材特点、学生的水平、教学条件等具体情况来确定，应力求做到以任务为目标，以方法为途径，采用行之有效的教学手段来保证任务的完成。常用的柔力球教学方法有直观教学法、完整与分解教学法、语言法、预防与纠正错误法、练习法、比赛法等。

一、直观教学法

（一）示范教学法

动作示范是直观教学法中最基本、最常用的一种方法。它是以准确的动作为范例，使学生直观地了解动作的形象、结构、要领和方法。正确的示范不仅可以使学生基于感性认识获得正确的动作全貌，而且可以激发学生的学习兴趣，提高学生的学习自觉性。为了使学生能全面地观察示范动作，突出示范目的，取得更好的教学效果，教师在示范动作时应注意以下几个问题。

1. 示范位置的选择

教师在选择示范位置时应以全体学生便于全面观察为主要依据。一般有三角形顶点示范（教师站在学生横队的等边三角形顶点）、中心示范（教师站在学生队伍的中间）、斜前方示范（教师站在学生学习套路前进方向的左前方或右前方）。

2. 示范面的运用

正确使用示范面可以让学生更好、更快地学会动作，掌握要领。一般情况下，凡是身体侧向行进的动作，可做镜面示范；凡是身体正向行进的动作，可做侧面示范；不能做镜面与侧面示范的动作，可做斜面示范；比较复杂的动作，可做多面示范。另外，还可以分解动作，进行重点动作示范。

3. 领做示范

在教授新动作时，教师要进行领做示范，这时应注意示范的位置与示范的速度。教师应根据套路的运动方向来选择位置，一般位于学生的左前方、右前方或正前方，要使学生尽可能看清教师的动作，以便模仿，掌握动作的方向路线、方法与姿势。当运动方向改变时，教师应更换位置。

在开始教授时要慢速进行，以利于学生模仿，随着学生对动作的逐渐熟练，教师要逐步过渡到用正常速度领做。

4. 示范与讲解结合运用

动作示范是作用于视觉器官的直观教学方式，而生动形象的讲解则是通过语言作用于听觉器官的直观教学方式，可准确地揭示动作的内在联系。教师将示范与讲解结合运用不仅可以使学生直观地模仿动作，还可以通过讲解，让学生进一步明确动作要领，提高教学效果。一般情况下，对水平比较低的学生以示范为主，讲解为辅，对水平较高的学生以讲解为主；在教授新动作时，教师应根据动作的难易程度、学生的水平等情况采用示范与讲解结合运用的方式。

（二）多媒体教学法

多媒体教学指教师在教学过程中适当地引入多媒体技术，将讲授与多媒体系统有机结合，互为补充，从而达到优化教学过程的目的。多媒体教学是现代教学训练的手段之一，它有助于学生建立正确的动作概念，能充分显示动作的结构、过程、要领与细节，特别是对结构复杂、难度较大的动作和腾空技术，能提供生动、形象、直观的展示方式。同时，它还可以帮助学生分析动作要领，领会单个动作乃至全套动作的演练风格，加深学生对教材的理解。恰当地运用多媒体教学，可丰富教学内容，对调动学生的学习兴趣和提高教学效率有着重要的意义。

二、完整与分解教学法

因为柔力球技术是由一系列单个动作组成的，且每个动作难易程度不一，所以在柔力球教学中，教师常用完整教学法与分解教学法。

（一）完整教学法

完整教学法可以使学生了解动作的全貌，形成完整的概念，因而它是主要的教学方法。在下列情况下，一般采用完整教学法。

（1）教授结构简单或难度不大的动作时。

（2）对有一定柔力球练习基础的学生进行教学时。

（二）分解教学法

完整教学法的缺点是教师在教授比较复杂或难度较大的动作时，学生不易准确掌握动作细节，此时教师可以运用分解教学法。分解教学法是将完整的单个动作合理地分解成两个或两个以上的部分进行教学的方法。其优点是便于学生掌握动作细节，从而更好、更快地达到动作要求。在下列情况下可以采用分解教学法。

（1）教授结构和方向路线较繁难的动作时。

（2）教授富有节奏感、变化较多的动作时。

注意在使用分解教学法时，不宜将动作分解得过碎，应尽快地过渡到完整的动作，以免影响动作的完整性。一般可以采用“完整——分解——再完整”的原则，把分解教学法与完整教学法有机地结合起来，使学生通过分解教学法掌握动作的细节，再通过完整教学法了解动作的全貌。

三、语言法

语言法是教师运用口头语言向学生传授柔力球的基本知识、技能，以达到教学目的的方法。在柔力球教学中，教师通过语言指导学生训练，这可以启发学生的智力，加强他们对技术方法的理解，从而加速掌握柔力球的知识、技能。在柔力球教学中，语言法主要包括讲解法、谈话法、口令等。

（一）讲解法

讲解法是教师运用简明、生动的语言向学生说明教学的内容、目的、动作过程、动作要求、注意事项等的方法。讲解法要求教师的语言简明扼要、通俗易懂，并富有启发性和感染力。教师在教学中一定要突出重点，使所有学生都能尽快抓住教学的主要环节。教学的重点包括柔力球技术动作的规格和标准球体运行轨迹的基本原理、注意事项、易犯错误与纠正办法。

运用讲解法的要求如下。

（1）讲解内容要充实、正确，重点突出，符合学生的实际情况。

（2）讲解时机要适宜，内容要适量，要有教育意义。

（3）通过教学让学生明确任务、作用、要领和练习方法。

（4）语言要清晰、简明扼要，富有条理和启发性。教师可结合直观教学法进行讲解，也可以把一些技术动作归纳成口诀，这样既方便学生记忆，又便于学生理解。

（二）谈话法

谈话法是教师运用口头语言与学生沟通的一种教学方法。谈话法的方式有很多，如引导性谈话、总结性谈话以及管理性谈话。引导性谈话主要指教师通过与学生沟通，引导学生投入到新知识和新技术的学习中去；总结性谈话主要指教师针对学生在学习和训练过程中的表现，以谈话的方式进行总结和评价，使师生双方在谈话中获得反馈信息，及时调整教学活动与学习方法；管理性谈话指教师从课堂的组织管理方面，对学生的组织纪律性提出具体的要求，以确保良好的课堂秩序，为圆满完成教学任务奠定基础。

运用谈话法的要求如下。

（1）要创造适宜的谈话环境。在不同的谈话环境下，运用谈话法可能会收到不同的效果。

（2）要培养学生的独立思考能力和语言表达能力。在谈话过程中，教师不能只考虑自己的谈话，还应该鼓励学生积极主动地表达自己的看法，提高学生的语言表达能力。

（三）口令

口令是教师指挥学生统一行动的口头信息。根据教学任务，口令可以分为一般性口令、综合性口令、提示性口令。

运用口令法的要求如下。

（1）口令要清晰、准确、洪亮。

（2）口令要与动作的节奏相吻合。

四、预防与纠正错误法

学生在学习和掌握动作的过程中会出现各种错误，教师应及时发现错误并提出纠正方法。纠正错误动作时，教师要善于抓住共性错误，组织学生集体会诊，启发学生分析出现错误的原因，以点带面地解决普遍存在的问题。

（1）学生由于接受能力和协调性差而出现错误时，教师应耐心地采用分解动作、慢速示范、多次领做等方法进行纠正。

（2）学生由于本体感觉差，不能控制动作而出现错误时，教师可以强调动作规格与要求，用动作示范等直观教学法来帮助学生纠正。

（3）学生由于身体素质差不能完成动作时，教师不能因急躁而挫伤学生的学习积极性，而应采用相应的措施，如降低动作难度等，使学生逐步地完成动作。

（4）学生由于心理原因做不好动作时，教师应做好思想工作，并采用保护与帮助的方法，逐步加大难度，让学生克服畏难情绪，不断纠正动作中的错误。

（5）学生由于不理解动作性质和作用而出现错误时，教师可根据动作的性质，讲解动作的攻防含义，以此诱导与启发学生，帮助其纠正错误。

五、练习法

在柔力球教学中，采用练习法可以让学生迅速、正确地掌握柔力球技术。教师根据一定的教学任务，有针对性地选择练习法，让学生实践，从而逐步改正错误动作，巩固、提高所学的技能，形成正确的动力定型。

（一）常用的练习法

在柔力球教学中常用的练习法有重复练习法、变换练习法和综合练习法。

1. 重复练习法

重复练习法指教师在柔力球教学的过程中，让学生重复练习单个动作、组合动作、分段动作、整套动作、竞技技术动作的方法。重复练习要有明确的目的，练习时教师要向学生提出具体、切合实际的要求，要根据学生的特点、教学的不同阶段以及动作的难易程度，科学地安排练习的次数、强度和间隔时间，要注意及时预防和纠正错误动作。

2. 变换练习法

变换练习法指教师让学生在变换的条件下进行练习的方法。根据教学任务的需要，教师可变换运动负荷、环境、场地、器材等条件，如放慢动作速度、减小运动负荷，或者采用相应的辅助练习等。在动作学习、改进和提高技术时，教师应对变换的内容做出明确规定，使练习效果符合教学的要求。

3. 综合练习法

综合练习法指将某些练习法综合运用的练习方法。教师应根据教学要求，合理安排练习手段、练习量和强度、练习间隙及练习程序。综合练习法没有固定的练习形式，它的作用是多方面的，对学生掌握、巩固技术动作和提高身体素质均有较好的作用。

(二) 练习形式

练习法一般采用个人练习、分组练习和集体练习等形式。在教学中，教师应根据教学要求，采用不同的练习形式，从而使课堂形式多样、生动活泼。

1. 个人练习

个人练习是培养学生独立演练的一种形式。它不仅有利于教师因材施教和纠正个别错误，还能培养学生独立体会教学内容的能力。学生在进行柔力球套路基本动作和柔力球竞技技术练习时，可以采用个人轮流练习的方法，从而实现互相观摩、互相学习、取长补短的目的。

2. 分组练习

分组练习是将学生分成若干小组，教师提出具体要求，由教师或学生骨干组织练习的一种形式。它不仅可以节省时间，保证练习的次数与质量，还可以使学生互相观摩、学习，培养其团结互助的精神。教师应统揽全局，抓住共性，督促各组完成练习任务。

3. 集体练习

集体练习是教师组织、指挥学生进行统一练习的一种形式。教师要注意观察学生在练习中出现的错误，并及时地示范与讲解。集体练习要求学生听从指挥，统一行动，有令则行，无令则止。集体练习有利于培养学生的顽强意志和集体主义精神。

六、比赛法

比赛法指教师在教学的不同阶段，根据教学任务和要求，以及学生的实际情况，制定出教学比赛的标准与要求，采用个人比赛、分组集体比赛、分组推选代表比赛等形式进行教学的方法。这种教学比赛可由教师评分，或者采用学生评分与教师评分相结合的方式来评定成绩。让学生在竞争激烈、心理紧张的情况下完成动作，能很好地锻炼其适应能力。

第六节　柔力球的教学效果评价

教学效果是通过评价柔力球教学课来确定的，这样不仅可以加强教学管理、评价教师的教学能力和工作态度，还可以促进教师更好地研究教学方法。同时，通过定性、定量的分析与测定，还可以发现教师的教学问题，并提出针对性的解决办法。因此，对柔力球教学课进行评价是加强管理、提高教学质量的有效途径之一。

一、评价的基本内容与标准

将一堂教学课分成若干个相互联系、相互制约的部分，这样可以分别评价教学课的不同部分，从而看出教师在各部分的表现情况，进而得出整个教学课的评价结论。一般可以将一堂教学课分成以下几个部分。

（一）教学文件的规范化

教学文件包括教学计划、教学大纲、教学进度、教案等文字材料，既是教师实施教学的指导性文件，也是教师圆满完成教学任务的有力保证。

1. 教学文件的规范程度

科学编制教学文件是教师的职责之一，它要求教师以严肃、认真的态度将计划做得规范、完整，大纲要求明确，进度切合实际，教案具体明晰，这样不仅可以避免教师盲目性教学与随意性教学，还有助于教师对教学内容统筹安排、分步实施。特别是教案，它是教师完成教学计划的基础，也是衡量教师教学态度的重要依据。

2. 教学目的、任务与要求的确定

在教学文件中，首先应确定本堂课的目的、任务与要求，它应与大纲进度相吻合，同时必须根据学生的实际情况来确定。一堂教学课的目的、任务不能太多，一般两到三个。要求既不能太高，必须结合实际，使大部分学生通过努力学习均能达到，也不能太低，否则不利于调动学生的学习积极性。

3. 教学内容、运动负荷的确定

教学内容应依据教学目的、任务来确定，同时明确练习量和要求。通过一定的教学步骤、手段与方法来保证教学任务的完成。在柔力球教学课中，教师应根据人体生理机能规律来设计运动负荷，练习密度一般应设计在40%左右，平均心率一般以130~145次/分为宜。

4. 教学态度的确定

教学文件工整、规范是反映教师教学态度的重要依据。在教学中，教师要服装整洁、按时上课、按时下课、为人师表、循循善诱、严格要求、言传身教，保持良好的师生关系和欢快的课堂气氛等。教师的教学态度直接影响学生学习的积极性，因此每位教师都必须保持良好的教学态度。

（二）教学方法与手段的运用

教学方法与手段是完成教学任务的重要途径，无论采用何种教学方法，都必须符合柔力球教学的特点。如在教授新知识时，主要观察教师的示范、讲解能力；在技术复习时，主要观察教师纠正错误、组织学生练习的能力；在教学的提高阶段，主要观察教师结合实际选用各种训练方法的能力等。

（三）运动负荷的安排

柔力球教学任务的完成是通过学生的身体运动来实现的，运动负荷的安排直接关系到教学效果，所以对一堂课中学生的练习密度与运动量的测定是一种定量检查，可以较客观地反映该堂课的教学质量。

运动负荷由练习量、练习密度、练习时间、练习强度、项目特点5个因素组成，其中任何一个因素的变化都会使运动负荷发生变化。柔力球对学生的灵敏度、协调能力、速度、力量、耐力要求均较高，这一特点既决定了教师在教学中必须采用相应的训练手段与方法，也决定了教师必须遵循运动负荷安排的一般规律，即运动负荷由小到大，大小结合，有明显的节奏感，这能使学生的身体机能产生良好的适应性变化。

一堂教学课是由开始部分、基本部分和结束部分组成的。开始部分是为活动学生全身的关节、肌肉，动员学生全身心地进入基本部分做准备的。基本部分是课程的主要部分，这一部分不仅时间长、学习内容多，而且练习量、运动负荷大，一般负荷曲线应呈现 2~3 个波峰。如果呈现负高峰或者高峰状态的时间过长，那么运动负荷的安排就是不合理的。

练习密度指一堂课中学生实际练习的时间与上课总时间的比，它与练习强度和间歇时间有直接关系。一般来讲，在教授新内容时，练习密度较大，可以达到 50%以上，它要求教师合理地安排间歇时间，教师可利用间歇时间为学生讲解、做示范与纠正错误。在提高课中，练习强度一般较大，这样才能较快地提高学生的专项技术和身体素质。在教学课中，如果练习密度低于 30%，那么练习密度的安排是不合理的，如果练习密度安排过大，学生在疲劳状态下练习，也不利于他们掌握技术和提升运动能力，同样会影响教学效果。

（四）教师的主导作用

在柔力球教学中，教师是教学的主体，学生是教学的客体。教学手段与方法的运用、运动负荷的安排和学生的组织等都是通过教师来实现的。因此，教师必须在教学课中发挥主导作用。

1. 组织学生的能力

学生是教学的对象，组织好学生是教师完成教学任务的首要条件。组织学生练习一般可采用 3 种形式，即个人练习、分组练习和集体练习。在一堂完整的教学课中，根据教学内容与任务的需要，教师应把这 3 种组织形式结合起来。在教授新内容时，一般采用集体练习与个人练习相结合的形式；在复习课上，一般采用集体练习纠正错误动作与分组练习巩固提高相结合的形式。

2. 组织教学内容的能力

科学地组织教学内容是教师完成教学任务的关键之一。在一堂教学课中，教师一般安排两个主要教学内容，其他的教学内容应为这两个主要教学内容服务。这样不仅可以丰富教学内容，还有利于主要教学任务的完成。在一堂教学课中，柔力球基本功与基本动作的练习占课时的1/3，新授内容占课时的1/3，复习以往内容占课时的1/3。而且，教师要注意安排基本功内容力求为主要教学内容服务，为提高教学质量和帮助学生更好地掌握技术动作打下基础。

3. 区别对待的能力

因为学生在年龄、性别、技术水平、身体素质、心理品质等方面会存在差异，所以区别对待的教学原则在柔力球教学中显得尤为重要。教师在教学方法与手段的运用、技术指导纠错的方式方法、运动负荷的不同安排等方面，都要遵循区别对待的教学原则。

4. 遵循柔力球教学的基本特点的能力

柔力球教学的基本特点是在长期教学活动中形成的，对教师组织教学和提高教学质量具有重要的指导意义。因此，教师在教学活动中必须遵循这些基本特点。比如，柔力球的“迎、纳、引、抛”技术教学，对学生尽快掌握动作要领，懂其法、明其理，提高柔力球技术具有积极的指导作用。

5. 调动学生学习积极性的能力

学生积极学习是完成教学任务的重要条件。教师必须善于启发、诱导、鼓励学生，并采用各种有效的方法和灵活多变的组织形式，避免课堂枯燥，使学生始终有饱满的学习热情。在柔力球教学课中，教师要善于观察学生的学习情况，采用语言诱导、竞赛评比、表演示范、分析评议等手段激励学生奋发向上。

6. 课堂上的应变能力

在教学中，课堂的内外部环境在不断变化，这要求教师必须具有应变能力，能应对内外部环境的干扰，做到适当调整教学内容、调控运动负荷、及时处理各种伤害事故等。

（五）教学效果的评价

一堂课的优劣最终表现在教学效果上。教学效果是依据教学对象完成课堂任务、达到预期目的的情况来评价的。因此，首先要看教学计划是否完成，教学要求是否达到；其次要看学生的学习积极性和课堂气氛；最后要看学生学习与掌握技术时，分析问题和解决问题的能力等。

柔力球教学的评价内容较多，它们互相影响、互相渗透，各指标之间都存在内在联系，从而构成了一个完整的评价体系。

二、评价的手段与方法

对一堂教学课进行全面检查与评估，主要有两种方法：一种是对教学的相关内容分别做定性的评价，这是一种较简单、粗糙的评价方法；另一种是运用数学方法使各项教学内容量化，这是一种较复杂、精确的评价方法。

（一）评价体系的建立

建立评价体系就是将评估的内容分成几个大类，构成一级指标，在每类一级指标中又列出几个二级指标，这样就构成了一个评价体系。然后根据每类一级指标在整个体系中的重要程度，给予一定的权重，在此基础上再根据每个二级指标在一级指标中的重要程度给予相应的权重。要建立科学、符合实际的评价体系，一般的方法是列出相关内容，请有关专家筛选，分别给予权重，对这些资料进行数理统计处理，最后确定各级指标与权重。这样建立的评价体系较客观，而且具有权威性。

（二）评估的手段与方法

在评价一堂教学课时，可按课前设计好的评估表进行评定，根据教师上课的情况，在每个二级指标后评分。统计时，将每个二级指标的得分乘以权重再相加，即一级指标得分，一级指标得分乘以一级指标权重，即该指标的最后得分，将一级指标的最终得分相加，即总得分。这样既可以从总得分中看出课的总体情况，又可以从各指标得分中看出课的各部分情况，还可以通过求平均值的办法，看出集体评价。

（三）柔力球教学课评价表示例

柔力球教学课评价表如表 5-1 所示。

表 5-1 柔力球教学课评价表

一级指标	权重	二级指标	权重	优秀(分值≥8.5)	良好(7.5≤分值<8.5)	中等(6.5≤分值<7.5)	及格(5.5≤分值<6.5)	差(分值<5.5)	小计	一级指标得分
课的规范性	0.1	1. 教案规范工整	0.2							
		2. 课程任务要求明确	0.3							
		3. 教学内容合理	0.3							
		4. 教师严肃认真	0.2							
运用的教学方法和手段	0.3	1. 教学方法先进	0.3							
		2. 教学手段合理	0.2							
		3. 突出柔力球的特点	0.2							
		4. 纠正错误动作的能力	0.3							
组织教学的能力	0.3	1. 组织方法合理	0.3							
		2. 区别对待的能力	0.3							
		3. 组织练习的能力	0.2							
		4. 应变能力	0.2							
运动负荷	0.2	1. 练习密度	0.4							
		2. 练习强度	0.3							
		3. 练习时间	0.3							

续表

一级指标	权重	二级指标	权重	优秀（分值≥8.5）	良好（7.5≤分值<8.5）	中等（6.5≤分值<7.5）	及格（5.5≤分值<6.5）	差（分值<5.5）	小计	一级指标得分
教学效果	0.1	1. 教学计划的完成情况	0.4							
		2. 学生的学习积极性	0.4							
		3. 学生的自我评价	0.2							
总得分										

评估对象：　　　　年级　班　　　　评估人：　　　　　　　　　　　　年　月　日

第七节　柔力球教案的撰写

教案是教师根据学校教学工作计划和学期教学进度，并结合教学实际情况，对一堂课设计的教学方案。课前认真备课，写好教案，是对每位教师的基本要求。

一、教案的撰写

柔力球教案的内容包括教学任务、教学内容、教学要求、教学组织形式、教学方法、教学步骤、练习时间与次数等方面，这些内容的表达形式有表格与文字两种，一般多采用表格的形式。无论采用何种形式撰写教案，都应力求简明扼要，做到任务明确，要求具体，重点突出，课的组织严密，教学方法科学，运动负荷、练习密度适当，场地布置、安全措施落实到位。

（一）确定课的内容与任务

确定课的内容与任务是教学的首要环节，是教师选择组织教法和安排运动负荷的依据，课的内容与任务要贯穿在整个教学过程中。因此，要注意以下几个方面。

（1）根据教学计划和学生的实际情况确定学习内容和任务，并且保证大多数学生经过一定努力能够完成学习任务，对基础好或基础差的学生要注意区别对待，对他们提出不同的要求。

（2）课的内容、任务要明确具体。在撰写教案时，课的内容、任务要明确、具体、有针对性，要抓住教学中的主要矛盾，突出教学的重点。由于每堂课的教学时间有限，因此学习任务不能安排过多，要求不能太高，要有的放矢。教师要注意内容的选择与教学方法的运用，力求让大多数学生可以通过努力达到教学要求。

（二）教案各部分的撰写

根据课的内容与任务，教师对各部分的练习形式、组织安排、教学手段、练习时间和次数、运动负荷、场地器械等，都要在教案中做出周密安排。

1. 开始部分

在开始上课时，一般先由班长（或体育委员）整理队伍、报告人数、记录考勤，然后教师宣布上课，并说明本堂课的内容与任务，提出课程的要求，这有助于学生为进入基本部分做好思想与身体方面的准备。

2. 基本部分

基本部分是教学课的主要部分。教学内容的名称和要领、教学要求、教学方法与步骤、易犯错误与纠正办法、练习次数和时间，以及学生的组织形式、练习方法等都要以文字与图示的形式详细说明。教师在撰写基本部分的教案时，应注意把教学与练习有机地结合起来，把分解教学法与完整教学法结合起来，把重点、难点与保护帮助结合起来，充分贯彻柔力球教学的原则，使整个课堂既严肃认真又生动活泼。

3. 结束部分

结束部分的主要任务是放松活动与课堂小结。放松活动一般选用轻柔、缓慢的练习内容或让学生之间相互按摩放松。教师可在结束部分的教案上简明扼要地写出动作名称与组织学生的方法。课堂小结指教师及时总结本堂课教学任务的完成情况、学生的优缺点、重要经验与教训，并填入记录栏内，为教学工作积累资料，便于总结研究。

二、教案示例——表格式教案（45 分钟案例）

表格式教案如下所示。

训练课周次　第____周____次　授课对象____　日期____

课程任务：1. 复习巩固柔力球基本动作，达到准确掌握的目的。

2. 学习柔力球腿下抛球、身后抛球动作，达到初步掌握的目的。

3. 加强课堂的组织性、纪律性。

部分	时间	训练内容和训练量	组织教法、要求
开始部分	5 分钟	1. 课堂常规： 班长集合队伍，报告人数； 师生问好，行抱拳礼； 教师布置本堂课的内容和任务，提出课堂要求； 教师点名，安排见习生。 2. 思想教育： （1）引导、培养学生对柔力球的兴趣； （2）提高学生对课堂练习的积极性。	队形见下图： △ ×××× ×××× 要求： 1. 集合要静、快、齐。 2. 教师提醒学生要善于动脑、勤于钻研。 3. 教师向学生强调预防伤害事故发生的措施。

续表

<table>
<tr><th>部分</th><th>时间</th><th>训练内容和训练量</th><th colspan="2">组织教法、要求</th></tr>
<tr><td>基本部分</td><td>35 分钟</td><td>1. 场地内跑步：
慢跑、冲刺、前踢、内踢、高抬腿跨步等各项反应练习。
2. 柔韧练习：
压腿、压肩（4×8 拍）。
3. 复习基本动作：
（1）左右摆动 4 组；
（2）左右抛接 6 组；
（3）左右绕环 6 组。
4. 学习新动作：
（1）腿下抛接球；
（2）身后抛接球。
5. 素质练习：
（1）蛙跳 2 组；
（2）抱人跑 2 组。</td><td colspan="2">要求：
1. 学生要充分活动，积极跑跳；
2. 学生要认真主动，避免损伤。
教法：
示范、讲解、纠正。
示范面：
四面示范。
新动作要求：
抛球方向要正确，路线要清楚；接球动作要舒缓，体现迎、引特点，避免损伤。</td></tr>
<tr><td>结束部分</td><td>5 分钟</td><td>1. 集体整理：
集体原地保持坐姿，呼吸均匀，心理意念放松。
2. 讲评：
对表现好的学生和表现不好的学生分别给予表扬和批评。</td><td colspan="2">队形见下图：
△
×××××
×××××</td></tr>
<tr><td rowspan="2">伤病学生安排</td><td rowspan="2"></td><td rowspan="2"></td><td>运动量</td><td>中</td></tr>
<tr><td>强度</td><td>低</td></tr>
<tr><td>课后小结</td><td colspan="4"></td></tr>
</table>

【本章小结】

柔力球教学是教师有组织、有计划地向学生传授柔力球的基本知识，学生学习柔力球的基本技术和技能，培养自身集体主义精神和民族自豪感的一种双边活动过程。柔力球教学的目的是通过理论指导促进学生对柔力球运动技能的学习和掌握；柔力球技术动作的教学过程可以划分为初步掌握、改进提高、运用自如3个阶段；教学原则有自觉积极性原则、循序渐进原则、因材施教原则、巩固提高原则；教学课的结构包括开始部分、基本部分和结束部分，这3部分在整堂课中是相互联系、紧密沟通的；教学课的组织形式一般可分为集体教学、分组教学、个别教学3种；柔力球的教学方法包括直观教学法、完整与分解教学法、语言法、预防与纠正错误法、练习法、比赛法等。

【思考与练习】

1. 柔力球教学的主要阶段怎么划分？
2. 柔力球教学组织的主要形式有哪些？
3. 柔力球常用的教学方法及其注意事项是什么？

第六章

柔力球的训练理论与方法

【本章导读】 按运动形式可将柔力球运动划分为套路演练和隔网竞技两种形式。柔力球技术训练，是提高运动员技术水平的一个重要环节，是运动员在日益激烈的现代柔力球比赛中取得优异成绩的根本保证。那么，如何将柔力球的内涵在训练和比赛中充分表现出来？这给教练员的柔力球技术训练工作提出了更高的要求。本章将紧紧围绕柔力球的文化内涵，按照柔力球技术的发展规律和技术构成的基本要素，全面、系统地安排柔力球运动员的训练过程，不断提高运动员的技战术水平，全面加强运动员在身体素质和心理素质等方面的能力，从而创造优异的比赛成绩。

【教学目标】 1. 认识和了解柔力球训练的基本原则。

2. 掌握柔力球训练的主要内容、基本要求以及训练方法。

第一节　柔力球训练的基本原则

基本原则是人们说话或办事所依据的标准或法则，是人们根据对客观事物运动的内在规律的认识而制定的。而科学的原则是人们对客观规律正确认识的反映。

同任何事物一样，训练过程有着不以人的主观意志为转移的客观规律，人们通过长期的训练实践和科学研究，探索和认识这些规律，不断总结成功经验和失败教训，并予以科学归纳，将其上升为理性认识，从而形成了训练过程中必须遵循的基本原则。

指导训练的基本原则有直观训练原则、动机激励原则、不间断的系统训练原则、周期性原则、有效控制原则、区别对待原则和合理的运动负荷原则。

一、直观训练原则

直观训练原则指教练员在训练过程中运用多种直观手段，使运动员通过感觉器官，培养形象思维能力，建立正确的动作表象，从而提升其表现能力，使其掌握与提高运动技术的训练准则。

直观训练原则是从一般教育学和体育教学原则中引入的。“直观”一词被引入运动训练后，其字面含义已远远不只是“观察”，它具有更广泛的含义，包括看、听、触、练等，它要求各感觉器官都参与直观活动。也就是说，运动员在综合运用各种感觉器官，建立练习动作的表象，这种感觉形象越丰富，运动员就能越快地掌握技术动作。

（一）直观训练原则的理论依据

1. 认识过程的基本规律

直观训练原则主要是根据人的认识规律确定的。人的正确认识的形成都要经历从生动的直观到抽象的思维、从感性认识到理性认识的过程。

运动员在学习和掌握技术动作时，一般都是沿着以下思维认识程序进行的，即直观（具体、生动的形象思维）— 实践（建立动作表象，学习和了解技术要点）— 建立概念（形成抽象思维）— 学会和掌握动作技能。在这一过程中，直观的感性认识起着重要作用，它是运动员掌握动作技能的起始和基础。在直观训练的各个环节中，运动员必须充分运用自己的各种感觉器官去学习动作。人的感觉有一部分来自视觉器官，通过视觉器官得到的形象，会大大地帮助人们培养正确的思维和掌握动作技能。

在训练过程中，运动员要想对技术动作有正确的理解，进而形成理性认识，就必须反复练习，而练习又必须建立在感性认识的基础上，否则运动员不可能正确地完成技术动作。

2. 动作技能形成的原理

动作技能与其他竞技能力的形成、发展一样，有其内在的联系和自身的体系，反映着事物由低到高、由易到难、由简到繁的发展规律。在动作技能形成的全过程中，特别是在初级阶段，人的视觉器官在直观训练过程中所获得的丰富信息会在很大程度上促进技能的形成。

（二）贯彻直观训练原则的注意事项

1. 目的要明确

教练员在运用直观训练原则时，首先要明确解决的是概念问题还是原理问题，是作用力问题还是节奏问题。教练员对此要做到心中有数，要找到问题的关键。

2. 应重视直观训练原则的运用

教练员除了运用多种多样的影响手段外，应尽可能地身体力行，为运动员做直观的动作示范。

3. 要考虑运动员的特点和水平

教练员在运用直观训练原则时，要充分考虑运动员的文化水平和训练水平。面对初次参加柔力球训练和文化水平较低的运动员，教练员应运用生动形象的语言，引导他们积极思考，便于他们较快地掌握技术动作；而和有训练和竞赛经验的运动员沟通时，教练员则应多运用柔力球专业术语和概念。

4. 运用科学技术的新成果

现代影像技术发展很快，它不断为人们提供新的手段和工具，将它们应用于教学中会取得很好的直观效果。

二、动机激励原则

动机激励原则指教练员通过多种途径，运用多种方法，加强运动员训练的自觉性、积极性、主动性的训练准则。遵循这一原则不仅可以增强运动员训练的自觉性、积极性和主动性，还可以培养他们独立思考的能力和自我调控的能力，促进他们以最大的动力高质量、高效率地完成训练任务。

（一）动机激励原则的理论依据

动机指推动人们从事某种活动的内部动力。人们都是怀着对未来成功的美好愿望参加柔力球活动的，渴望成功的动机鼓舞和激励人们，使他们能够自觉、积极、主动地投身柔力球活动之中。

（二）贯彻动机激励原则的注意事项

1. 加强训练的目的性教育和正确的价值观教育

年龄、思想素质、文化素质和训练阶段不同，运动员对训练的任务和目的的认识深度也不同。因而，教练员应注意通过各种教育学和心理学手段，对运动员进行训练的目的性教育，帮助他们形成自觉、积极、主动的训练态度，使他们认识到获得优异成绩对国家、民族、学校、家庭乃至个人的价值。

2. 激发运动员参加训练和竞赛的兴趣

教练员运用符合不同年龄运动员的个性心理特征的手段，激发运动员参加训练和竞赛的兴趣，使他们自觉、积极、主动地训练。由于训练中需重复练习某些动作，运动员承受着较大的生理和心理负荷，训练也变得单调、乏味，所以一定要让运动员深入了解和认识完成这些练习对达到预期目标的重要性。教练员应紧紧围绕训练的任务和要求，以不同的训练内容、方法手段，激发运动员的兴趣，增强运动员的自觉性。

3. 发挥运动员的主体作用和教练员的主导表率作用

教练员应使运动员了解训练的安排、任务、目的与要求，并请经验丰富的老队员参与训练计划的制订过程和运动训练的组织过程。训练任务的确定、方法手段的运用、内容的选择，以及运动负荷的安排，都应以运动员通过努力可以达到为标准，过难或过易都会在一定程度上影响他们的自觉性、积极性和主动性。

运动员参与训练计划的制订，可使他们更加自觉、积极、主动地完成各项任务，从而将被动训练变为主动训练。同时，教练员要注意有意识地培养运动员独立思考的能力，提高运动员的应变能力，使其在复杂环境下，尤其是在比赛时能较好地控制自己的思想和行为。

4. 培养运动员的自我分析和评价的能力

教练员要让运动员了解到训练成果，并培养运动员的自我分析和评价的能力。运动成绩的提高是教练员和运动员共同努力取得的，只有当运动员充分了解他们的训练成果时，才能进一步提高他们的自觉性。通过定期或不定期的技术考核，让运动员看到他们经过艰苦训练所取得的成果，增强信心，使其更加积极、刻苦地投入训练。

5. 满足运动员的合理需要

教练员要关心运动员的生活，安排好他们的衣食住行，并与他们建立良好的人际关系，引导运动员形成“自我实现”的更高层次的需要，以产生积极的训练动机和比赛动机。

6. 正确运用动力

教练员要正确运用精神、物质和信息这 3 种动力来取得理想的效果。

教练员要教育运动员正确认识和处理好个体动力和集体动力的关系，让个体动力在与大方向基本一致的情况下得到充分展现，以求得较大的集体动力。

三、不间断的系统训练原则

不间断的系统训练原则指持续地、循序渐进地组织训练的训练准则。

运动训练是一个多层次、多因素、结构复杂的系统。一方面，优秀运动员的成长过程大体须经历专项初级训练、专项深化训练、创造或保持优异成绩、延长运动寿命等阶段，各个阶段依次相连；另一方面，训练过程的诸多因素相互影响，且具有明显的时序性，如训练计划与实施、训练调控与评定等。

不间断的系统训练原则与训练过程具有连续性和阶段性的基本特性密切相关。一方面它指出运动员只有经历长时间的持续训练，才有可能攀登竞技的高峰；另一方面，它指出只有根据内在规律，合理地安排训练内容，选择训练方法和手段，循序渐进地提高负荷量度，才能取得理想的训练效果。

（一）不间断的系统训练原则的理论依据

1. 生物适应的长期性

运动员在身体形态、运动技术、心理素质等方面产生的一系列适应性变化，是一个由量变到质变的提高过程。人体训练负荷的生物适应，指通过对人体的各个系统、器官、组织乃至细胞的改造，逐步提高人体的竞技能力，但该过程需要较长的时间。

2. 生物适应的阶段性

柔力球的训练过程是个人技术、配合技术、体能与生理机能的发展和提高的过程，这反映了事物的发展过程是由低到高、由易到难、由简到繁的这一规律。因此，柔力球训练也应遵循这一规律。

为了在重大比赛中创造优异成绩，柔力球运动员总是力求通过科学的训练与安排，使自己在生理上和心理上做好充分的准备，在比赛中最大限度地激发机体的潜力，将自己在训练中获得的竞技能力最大限度地发挥出来，创造优异的成绩。运动员是不可能始终处于最佳竞技状态的，机体在高度紧张之后，必然要进入一个调整阶段，以便在生理和心理上得到恢复，然后进入新的训练阶段。柔力球运动员必须多次经历这一过程，才能逐步提高竞技能力。

3. 训练效应的不稳定性

柔力球运动员通过训练负荷提高的竞技能力，无论是体能、技能、心理能力，还是战术能力、运动智能的变化都具有不稳定的特点。运动员要想在身体形态、生理生化等方面产生一系列的适应性变化和积累，就必须持续训练。当训练的系统性和持续性遭到破坏的时候，已获得的训练效应非但不能积累，反而会逐步消退以至完全丧失。因此，要想获得理想的训练效应，提升运动员的技能、体能、心理能力、战术能力、运动智能，就必须保持训练过程的持续性，让运动员系统地、不间断地参加训练。

（二）贯彻不间断的系统训练原则的注意事项

1. 激发和强化正确的训练动机

动机是人们经常以愿望、兴趣、理想为形式表现出来的激励个体发动和维持其行为，并导向某一目标的一种心理过程或主观因素。柔力球运动员应当具有强烈的训练动机，这样才能积极主动地坚持系统训练。

运动员的训练动机常常是多种多样的，其中有为国家、为集体争得荣誉的动机，也有博取人们的尊敬、亲友的赞扬的动机，还有显示个人能力、渴望取得成就的动机。在优秀运动员中怀着强烈的训练动机，坚持刻苦训练终于取得成功的不乏其例。

2. 科学地制订训练计划

在柔力球竞赛中，运动员只有接受长时间的系统训练，才有可能参与激烈的角逐，并夺取胜利。这种长时间的训练必须要经过科学、全面的规划。训练计划是组织实施训练活动的依据，科学制订训练计划，是保证训练取得理想效果不可缺少的重要环节。

3. 坚持不间断地训练

坚持不间断地训练能使运动员的生物适应性变化得到稳定积累与良性发展。课与课、周与周、阶段与阶段、周期与周期都应有机地联系起来，这能使运动员机体的机能在原有基础上稳定提高，为达到最好成绩创造条件。

4. 按阶段性特点组织训练过程

柔力球训练过程的组织实施必须遵循阶段性的特点，有步骤、有秩序地进行。而这一步骤则是按固有的程序排列的，如一个完整的柔力球训练周期包括基础训练阶段、专项提高阶段、最佳竞技阶段及竞技保持阶段。一个持续 3~6 个月的训练周期，包括准备期、比赛期及恢复期；一堂训练课包括开始部分、基本部分和结束部分等。

四、周期性原则

周期性原则指教练员依据竞技状态形成与发展的规律来规划运动员的运动训练的训练准则。

教练员依据运动员机体的生物节奏变化规律、竞技状态形成与发展的周期性规律，以及运动员竞赛安排的周期性特点，按一定的动态节奏循环往复，逐步提高训练负荷。

（一）周期性原则的理论依据

1. 物质周期性运动的普遍规律

事物的运动和发展都是呈周期性的，这种周期性的运动不停地发展，每个往复都不会完全相同。每个新的运动周期，都不是上一个运动周期的简单重复，而是在原有的基础上螺旋式地提高到新水平。运动训练的周期性特点，就是由物质周期性运动这一普遍规律所决定的。

2. 人体竞技能力变化的周期性特点

周期性原则的理论基础是竞技状态的形成和发展规律。运动员竞技能力的提高，明显表现出周期性特点。提高运动成绩的关键是确保运动员在比赛前呈现最佳竞技状态，并在竞赛中充分发挥竞技水平。通常竞技状态要经历以下 3 个发展阶段。

（1）竞技状态形成阶段。

在一次负荷下，机体的能量被消耗并产生疲劳，解除负荷后，能量逐渐得到恢复，通过超量补偿机制，运动员的竞技能力得到提高。在这一基础上机体被给予下一次负荷，即开始新的负荷周期（如图 6-1）。

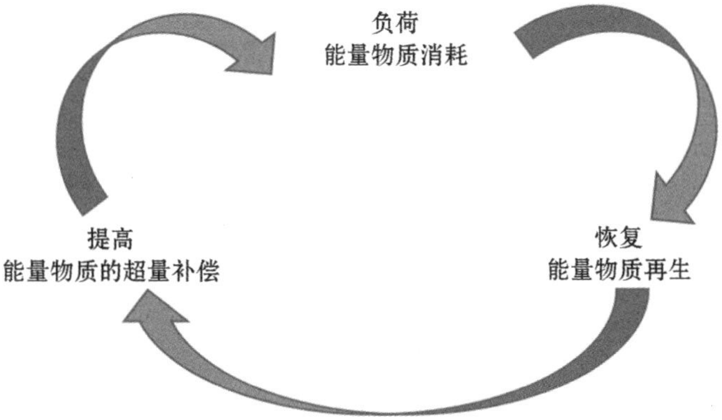

图 6-1　竞技状态形成阶段

每次给予适宜的负荷都会引起机体的适应性变化，适宜负荷的多次刺激，会引起机体多次发生适应性变化。在这一变化过程中，机体能力不断提高，运动竞技状态得到不断的培养、发展，运动员逐渐进入良好的竞技状态形成阶段。

（2）竞技状态保持阶段。

在这一阶段中，运动员的生理和心理能力得到提高，而且相对稳定。运动员机体的各个系统之间保持着高度的协调，竞技状态的所有特征都表现出来，并进一步得到巩固和发展，运动员进入良好的竞技状态保持阶段。在强烈的参赛动机的驱使下，运动员进入高度动员机体潜能的状态，在比赛中常常会创造新成绩。但是，由于内外环境的干扰，运动员的各个系统之间不可能始终保持高度协调，心理能力也不可能始终处于高峰，运动员有时会出现心理或技术上的失常，这会影响其创造优异的运动成绩。因此，在这一阶段，教练员须根据竞技状态形成规律，帮助运动员动态地调整竞技状态的形成因素，以便其创造优异的运动成绩。由于人体的保护性机制，运动员在保持了一段时间的高度竞技状态之后，就需要休息和恢复，以消除生理和心理的疲劳。

（3）竞技状态消失阶段。

在这一阶段，竞技状态在各个方面所表现的特征会出现暂时性的消失，各系统间的联系会出现暂时性的紊乱，训练水平会出现暂时性的下降。

运动员在消除心理、生理的疲劳之后，继续提升一般竞技能力，促进竞技状态的再次形成，产生新的适应性机制，从而进入下一个竞技状态保持阶段。

从上述竞技状态发展的 3 个阶段可以清楚地看出，运动员只有经过一段时期科学严格的训练才能形成竞技状态；只有对训练过程采取适宜的调整措施，才能使暂时消失的竞技状态得以恢复；只有经过一段时期的再训练，才能在原有的基础上形成最佳的竞技状态。竞技状态的“形成——保持——消失”的过程以及这个过程的重新开始，决定了运动训练的周期性循环规律。运动员正是通过这一循环过程，逐步地、螺旋式地提高竞技能力。竞技状态的发展过程与大周期相应阶段的对应关系如表 6-1 所示。

表 6-1　竞技状态的发展与大周期相应阶段的划分①

竞技状态的发展过程	生物学基础	任务	大周期的各个阶段
形成阶段	适应性机制（对训练负荷的应答性提高）	提升一般和专项竞技能力，促进竞技状态的形成	准备阶段
保持阶段	动员性机制（动员心理、生理能力的潜能，各系统高度协调）	提高专项竞技能力，保持稳定的竞技状态，创造新成绩	比赛阶段
消失阶段	保护性机制（机体拒绝继续高强度工作）	积极恢复，消除生理、心理疲劳	恢复阶段

① 田麦久．论运动训练过程［M］．成都：四川教育出版社，1988.

3. 适宜比赛条件出现的周期性特征

训练的最终目的是提高运动成绩，而运动成绩只有在比赛中表现出来时才能得到承认。而适宜的比赛条件，包括场地、器材、对手、裁判、气候等方面，能使运动员将已获得的竞技能力充分发挥出来。其中，对于竞技活动具有重要影响的气候条件具有鲜明的周期性特点，它对柔力球运动员的成绩往往起着重要的作用。

（二）贯彻周期性原则的注意事项

1. 掌握各种周期的序列结构

按照一个训练周期包含的时间跨度的不同，可以将其区分为多年周期、年度训练周期、大周期、中周期、小周期及日周期。了解各种周期的时间构成及其应用范畴，是教练员在训练中贯彻周期性训练原则的一个必不可少的条件（如表 6–2）。

表 6–2 不同类型的训练周期及其时间构成

周期类型	时间构成
多年周期	2~20 年
年度训练周期	1~3 个大周期
大周期	分为准备、比赛、恢复时期， 每个大周期为 10~30 周
中周期	每个中周期为 4~15 周
小周期	每个小周期为 7±3 天，共 4~20 次课
日周期	1~3 次训练课

对一名柔力球教练员来说，接触较多、较常采用的周期类型是大周期和小周期。按照周期学说的基本理论，一个大周期包括准备时期、比赛时期及恢复时期，也就是一个竞技状态形成、保持和消失的完整过程。一个年度训练周期中往往包括两个或两个以上的大周期。训练的组织实施一般是通过小周期的计划和落实得以实现的。由于人们的基本生活是以周为单

位进行的，所以训练活动自然也按周来安排，时间为7±3天。但是，不同国家的人对大、中周期的含义有不同的理解，应用时也会出现混乱。因而，更多的人还是愿意使用对时间跨度表述得非常清晰的概念。

2. 选择适宜的周期类型

教练员在贯彻周期性训练原则时，要选择适宜的周期类型。例如，安排年度训练周期时是采用单周期还是双周期？第一周期是加量周、加强度周还是赛前训练周？人们一般把周训练作为组织训练活动时极为重要的基本单位，在此以周训练为例来说明选择适宜的周期类型的问题。例如，根据训练阶段、任务及内容的不同，可把周的训练分为基本训练周、赛前训练周、比赛周以及恢复周4种类型。

（1）基本训练周。

训练的主要任务是通过负荷的改变引起新的生物适应现象，提高运动员的竞技能力。

（2）赛前训练周。

训练的主要任务是使运动员的机体适应比赛的要求和条件，把各种竞技能力集中到专项上去。

（3）比赛周。

训练的主要任务是为运动员在各方面培养理想的竞技状态做直接的准备和最后的调整，使其在参加比赛的过程中力求实现预期的目标。

（4）恢复周。

训练的主要任务是消除运动员的生理疲劳和心理疲劳，促进超量恢复，为运动员投入新的训练做好准备。

3. 训练内容、负荷、方法、手段的确定

在每个训练周期的各个时期中，教练员对训练内容和比重的安排、运动负荷的选择，以及方法和手段的采用等，都要根据其主要任务和对象的具体情况来确定。在训练过程中，教练员还应根据实际进展情况做必要的调整，从而保证各个时期获得较好的效果，而每个时期的训练又要具体落实到每周的训练安排上。通过每周训练效果的积累，不断提高运动员的训练水平，从而使其达到各个训练时期的要求。

每周训练的安排（也称小周期）是由每周训练次数、休息日数、运动负荷的安排，每次训练的任务、内容、方法、手段的确定，以及工作、学习、生活制度等不同因素决定的。由于周的训练安排灵活性较强，运动员每周训练任务完成的好坏，将直接影响各时期任务的完成情况。因此，安排好每周的训练是十分重要的。

4. 处理好决定训练周期时间的固定因素与变异因素的关系

周期性训练原则依据的是人体竞技能力变化和适宜比赛条件出现的周期性特征。其中，后者是决定训练周期时间的固定因素，前者则是变异因素。因为重要比赛的日程安排，通常与最适宜开展某项目比赛的条件的出现时间一致，而且通常在上个年度就已确定。教练员应努力做到有把握地调节这一变异因素，使之与比赛日程安排相吻合。

5. 注意周期之间的衔接

把一个完整的训练过程划分为若干个较小的周期后，人们往往会忽视各周期之间的衔接，这主要表现为注重训练过程的阶段性而忽略了连续性。有不同时间跨度的周期组成了一个完整的训练过程，因此在具体的训练过程中应特别注意周期之间的衔接。

6. 做好总结工作

认真对待每个周期的总结，针对前一周期在体能、技术、训练负荷的安排，方法和手段的采用等方面的情况和存在的主要问题，根据训练目标，提出新的要求、方法和措施，使运动员在新周期的训练水平能在前一个周期的基础上得到进一步提高。

五、有效控制原则

有效控制原则指教练员通过专门的方法和手段使训练过程按照指定的方式运行，以便顺利达到提高运动员竞技能力和创造优异成绩的预期目标的训练准则。

在训练中，教练员应准确把握和调控训练活动的各个方面和训练过程的各个阶段，以及训练内容和负荷，使训练过程能够按照预先设计的方案进行，保证训练目标的实现。

（一）有效控制原则的理论依据

1. 训练过程的多变性要求对其实施有效控制

训练这一社会化的活动由多种因素构成，并且来自各个方面的多种因素又是处于运动变化之中的。

参与柔力球训练的主体是运动员，训练的作用首先直接反映在运动员竞技能力的变化上。运动员竞技能力的即时状态，既是此前训练的结果，又是后续训练的出发点，而运动员此刻的竞技能力水平，要受到训练因素、情绪与环境因素、个人生物节奏因素的影响。同时，一些偶发因素，如在柔力球比赛中出现意外伤病进而引起竞赛结果的改变等，都必然导致运动员竞技能力发生变化。此外，柔力球训练组织、竞赛制度、奖励制度及后勤措施，以及家庭、社会等其他条件的变化，都会直接或间接地影响运动员的训练效果，使训练过程处于动态变化之中。因此，教练员只有有效控制不断变化的训练过程，才有可能实现预定的训练目标。

2. 现代控制论是实施有效控制的理论基础

随着现代科技的飞速发展，人们认识到要想取得训练的成功，就必须对行为的对象及其变化过程实施有效控制，以保证其朝着预定的方向运行。为此，科学家们建立了重要的方法论基础，即控制论，并建立了严谨的逻辑思维程序。在这个基础上，人们正在运用从训练过程中采集的大量信息，对训练过程、训练对象及竞技能力的提高等不同系统实施不同程度的控制。大量的训练实践活动已证明，这种控制是可行且必要的，它对提高运动训练的实效有重要的影响。

（二）贯彻有效控制原则的注意事项

1. 制订科学的训练计划

制订科学的训练计划，是对训练过程实施有效控制的重要前提。教练员应紧紧围绕预期目标，有效地组织训练。

2. 重视训练信息的采集和运用

为了在不断变化的训练过程中实施有效控制，教练员应高度重视训练信息的采集和运用，通过各种诊断方式（生理学、心理学、生物力学和生物化学以及运动训练学等领域的方式）判断运动员的竞技能力、训练效应及各方面影响因素的变化，及时做出决策，对训练过程的不同环节发出修正指令，使运动训练过程与运动员的现实状态相适应，从而取得理想的训练效果。

3. 及时调整和修正训练计划

尽管教练员努力将训练计划制订得具有更高的科学性和预见性，但是计划只是对训练过程的理论设计，它不可能与训练实践的要求完全吻合。受人类机体的复杂变化和主客观多种因素的影响，预先制订的训练计划与运动员的状态不符的情况时有发生，这时需要教练员对原定计划进行必要的调整和修正。

六、区别对待原则

区别对待原则指在训练过程中，教练员针对不同运动员在训练状态、训练任务及训练条件上的差异，有区别地安排不同的训练内容和训练负荷的训练准则。

（一）区别对待原则的理论依据

1. 柔力球专项竞技特点的需要

贯彻区别对待原则主要体现在体能训练和技术训练上。贯彻区别对待原则的难度较大，因此教练员在选择训练内容和手段时，应注意柔力球运动项目的技术特点，有针对性地实施区别对待原则。

2. 柔力球运动员个人特点的多样性

柔力球运动员存在个体差异，他们从事运动训练的起点、承受运动负荷的能力，以及适应能力各不相同，这对训练安排提出了不同的要求。另外，同一名运动员在不同阶段、不同时刻、不同的训练环境和训练条件下的训练状态不同，这也对训练内容和组织实施提出不同的要求。因此，教练员必须针对运动员的个体差异进行区别对待。

（二）贯彻区别对待原则的注意事项

1. 教练员应根据运动员的具体情况制订训练计划

对于运动员的初始状态，教练员可围绕竞技能力的几个主要决定因素来了解具体情况。例如，在形态方面，应了解身高、体重等指标；在素质方面，应了解速度、力量、耐力等指标；在机能方面，应了解脉搏、血压及各器官系统的机能等基本情况。

2. 贯彻区别对待原则需要注意的因素

柔力球的训练过程具有多样性和多变性的特点，这决定了教练员在贯彻区别对待原则时需要考虑多方面的因素，其中的主要因素集中在运动专项、训练对象和训练条件这 3 个方面。

七、合理的运动负荷原则

合理的运动负荷原则指教练员根据运动员的现实可能和人体机能的训练适应规律，以及提高运动员竞技能力的需要，在训练中给予相应的负荷，以取得理想的训练效果的训练准则。

运动员在训练中承受了一定的运动负荷，必然会产生相应的训练效应，但并非只要施加了负荷，就一定会产生良好的训练效应。训练负荷的大小对训练效应的好坏有着重要的影响，机体对适宜的负荷产生良性适应，负荷过小不能引起机体必要的应激反应，而在过度负荷作用下，机体会出现劣变反应。

(一) 合理的运动负荷原则的理论依据

1. 合理的运动负荷下机体的生物适应现象

当负荷保持在一定范围时，机体的应激反应和随之产生的一系列生理变化，都会保持在一个适度的范围内。负荷越大，对机体的刺激越大，所引起的应激反应也就越强烈，机体产生的相应变化也就越明显。当机体适应这一负荷水平后，就会出现“机能节省化”现象。如果在一段时间内，负荷仍停留在原有水平上，那么机体的机能水平将保留在原水平上。因此，只有不断加大运动负荷，使机体不断适应新的运动负荷，才能提高运动机能水平。如果教练员没有科学地分析运动员承担能力的最大限度并给予其过度负荷，那么这一操作非但不能引起机体的适应性反应，反而会损害运动员的健康。

2. 合理的运动负荷的超量恢复现象

合理的运动负荷原则，主要是根据疲劳和恢复过程的相互关系、超量恢复以及负荷不变时机体会出现“机能节省化”现象等理论提出来的。现代运动训练的实践和科学研究表明，必须在一定的负荷量和强度的刺激下才能帮助运动员提高身体机能，掌握技术。如果将负荷保持在一个水平上，那么机体的机能就不能进一步提高。反之，如果训练负荷不是逐步提高到最大限度，而是提高得过快、过猛，并超过了运动员机体所能承受的最大限度，这不但提高不了运动成绩，反而有损健康。所以科学地、合理地安排运动负荷是极为重要的。

3. 过度负荷下机体的劣变现象

机体的生物现象只发生在适宜的负荷条件下，当负荷超出了运动员的最大承受能力（或称过度负荷）时，运动员的机体便会产生劣变现象。

过度负荷有时表现在生理方面，有时表现在心理方面。过度负荷的直接结果是机体出现不适应的症候。据张问礼《生理应激与运动训练》一文（载《北京体育科技》1984 年第 2 期）报道，这种不适应的症候包括以下几项。

（1）疲惫不堪、失眠不安。

（2）慢性体重下降。

（3）周身性肌肉紧张。

（4）非受伤引起的关节和肌肉疼痛。

（5）慢性肠功能紊乱。

（6）扁桃体和腹股沟淋巴结肿大。

（7）鼻塞和发冷。

（8）出现皮疹和肤色改变。

上述不适应的症候出现后，如果不采取措施，那么运动员的机体将得不到必要的恢复，甚至会发展成过度疲劳。过度疲劳会导致运动员的健康状况和机能明显下降，增加运动创伤发生的概率，甚至会使运动员过早结束运动寿命。

在训练中，对机体的负荷通常是连续施予的，负荷之间的间隔与联系不同，会产生不同的效应。如果经过前次负荷后，在机体的超量恢复阶段再施予负荷，就会提高机体水平；而如果经过前次负荷后，运动员的机体还没有得到恢复便再次施予负荷，则会导致机能水平的下降。

（二）贯彻合理的运动负荷原则的注意事项

1. 正确理解负荷的构成

训练过程中的任何一个负荷，都包含着负荷的量和强度两个方面，前者反映负荷对机体刺激量的多少，后者反映负荷对机体刺激的深度。运动负荷的大小都是相对的，要辩证认识运动负荷。“最大限度”“极限负荷”没有一个固定的、适用于所有运动员的标准，它要视运动员的训练水平和发展的具体情况而定。运动员机体所能承担运动负荷的最大限度，是随着训练过程中机能水平的变化而变化的。教练员要通过实践和科学研究，积累资料，不断探索，逐步准确地确定这个限度，这样才能合理地安排运动负荷。教练员要充分认识到加大运动负荷不是目的，它只是提高运动员训练水平的一个手段，所以运动负荷不是越大越好。

2. 渐进式地增加负荷量

在训练过程中，负荷要由小到大，循序渐进地增加，形成一个“加大——适应——再加大——再适应”的过程，教练员在具体安排时要大、中、小相结合，并安排适当的休息时间，做到有节奏地交替训练。循序渐进地增加负荷量，有直线式、阶梯式、波浪式和跳跃式 4 种基本形式。

（1）直线式。

直线式指负荷的增加是直线上升的。以这种方式训练，负荷的变化通常不明显，负荷的上升主要是基于练习的次数、时间及重量的不断增加，所以这种增加负荷的方法主要适用于起点较低的初学者（如图 6–2）。

（2）阶梯式。

阶梯式指练习一段时间，保持一段时间，每增加一次负荷，就要将此强度保持一周的时间。若以日为单位，负荷呈阶梯式上升，若以周为单位，负荷则表现出斜线上升的趋势。这种增加负荷的方式，对优秀运动员、等级运动员及初学者都适用（如图 6–3）。

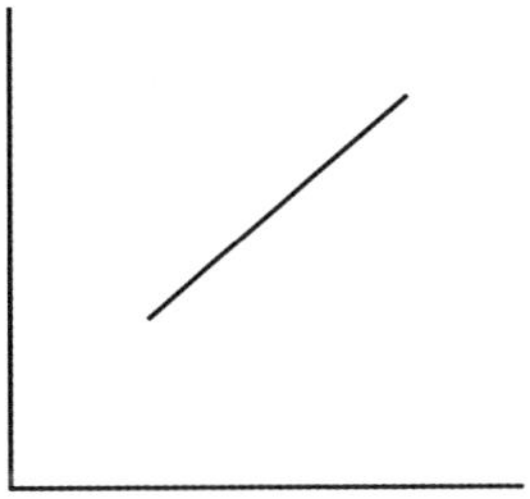

图 6–2　直线式

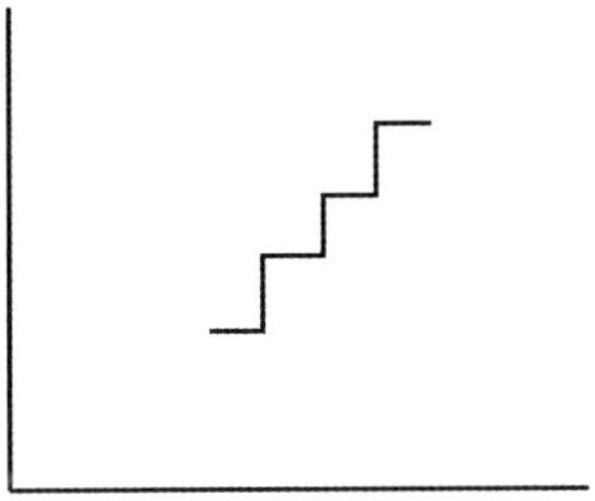

图 6–3　阶梯式

（3）波浪式。

波浪式指随着运动员训练水平的不断提高，需要继续增加负荷。但长时间保持高负荷训练，机体得不到休息，会导致训练过度，因此负荷的增加需要有起有伏。每次可将负荷下降到比前一阶段的最高负荷稍低的程度，然后再提高到新的水平。依此规律，始终按波浪式上升，此时无论连接波峰或连接波谷，都呈现出斜线上升的趋势。这种增加负荷的方式，对优秀运动员、等级运动员及初学者都适用（如图 6-4）。

（4）跳跃式。

跳跃式指负荷呈跳跃式增加。只有在特殊情况下，才会对优秀运动员使用这种方式。这是因为在优秀运动员的成绩提高到一定程度后，其机体各部分的调节和中枢神经系统对运动器官的支配，容易按固定的模式进行。为了打破这种定型，教练员可采用突然增加负荷的方法，对运动员的机体给予强烈刺激，以期经过一段时间的休整再达到一个新的较高水平。跳跃式增加负荷的主要作用：有利于运动员打破机体不同系统之间旧的牢固联系，促进其在新水平上建立新联系，使运动员承受负荷的能力产生突破性提高（如图 6-5）。

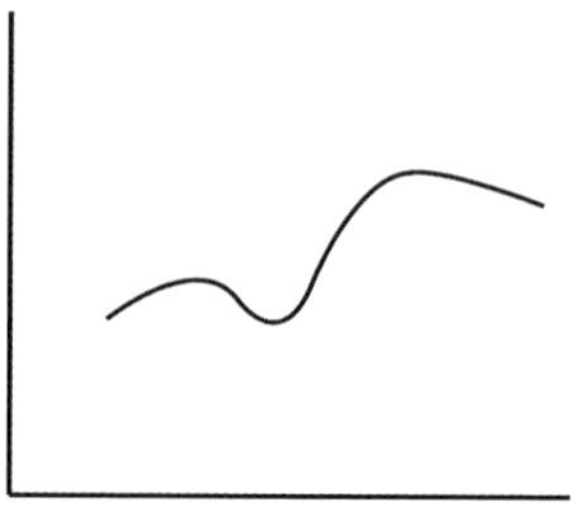

图 6-4　波浪式

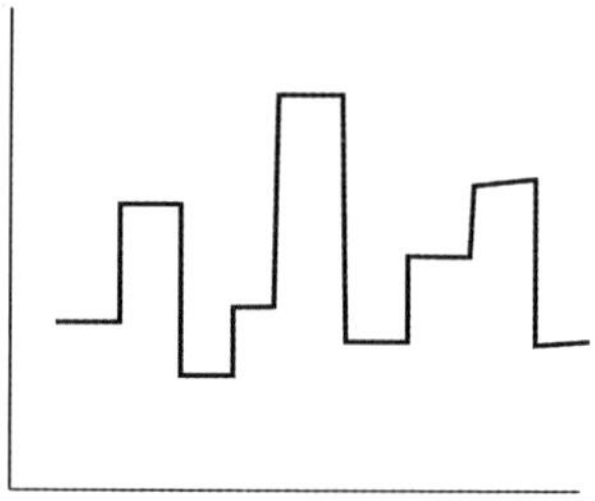

图 6-5　跳跃式

3. 科学地探求负荷量的临界值

多年以来，人们已经认识到加强负荷会带来更好的训练效果，而且越接近运动员承受能力的极限，效果就越明显。于是，许多教练员和科学家都在致力于寻找这一负荷量的极限。日本排球教练员大松博文在充分挖掘运动员机体潜力方面进行了大胆尝试，他所带的女排运动员常常每天训练六七个小时，练就了顽强的毅力和熟练的攻防技巧。

运动员负荷量临界值的大小既随其发育程度、竞技水平的变化而变化，又受运动员健康状况、日常休息、心理状态的影响。因此，对它的测定和评定必须有充分的科学依据，要用科学的诊断方法力求准确地掌握负荷量的临界值。当前，因为人们还没有完全认识负荷极限，所以训练时应注意留有余地，以避免过度训练。

4. 建立科学的诊断系统

为了在训练过程中及时把握不同时期运动员的竞技能力状况，以便准确地判断负荷是否适宜和运动员身体机能的恢复程度，从而决定训练中应采取的相应对策，教练员就必须建立科学的诊断系统，选取可靠的指标，科学准确地进行诊断。

5. 正确处理负荷与恢复的关系

训练离不开负荷，没有负荷就没有训练；训练也离不开恢复，没有恢复，负荷就只会导致运动员机能的下降。为了取得良好的训练效果，提高运动员的竞技能力，就必须高度重视恢复。如今，负荷与恢复的协同效应越来越受到重视，教练员不应在运动员已疲劳时才考虑恢复问题，而应在计划负荷的同时，就考虑负荷后的恢复问题。

第二节　柔力球的训练方法

柔力球的常用训练方法指在柔力球训练中，教练员根据具体的训练任务、目的和训练间歇，为提高运动员竞技能力、专项运动水平而采取的各种手段的总和。

柔力球的常用训练方法主要包括重复训练法、持续训练法、间歇训练法、变换训练法、综合训练法及智能训练法等。本节主要阐述这些方法的含义、作用以及基本要求。

一、重复训练法

（一）含义

重复训练法指在不改变动作结构和运动员负荷量的情况下，按照一定要求反复练习，以建立、巩固条件反射，从而使运动技术形成牢固的动力定型的训练方法。

重复训练法是最常用的训练方法，适用于各类运动项目，在提高运动员身体素质，帮助运动员掌握与提高技术、战术，培养意志力等方面都有着积极的作用。

（二）运用重复训练法的基本要求

首先，教练员将重复训练法用于技术训练时，一般要注意以下两种情况。第一，教练员在运用重复训练法帮助运动员掌握技术时，应严格要求运动员按技术规格一丝不苟地重复练习，而无须在负荷强度上提出过高的要求。为使运动员掌握某一项技术，或者巩固矫正后的正确动作，必须有一定的重复练习次数作保证，甚至可以重复练习到正确动作将要变形时为止。但是，如果运动员连续出现错误动作，就应该停止重复训练，以防其形成错误的动力定型。第二，教练员在运用重复训练法帮助运动员巩固、提高技术时，除了保证运动员的重复练习次数外，也要逐步增加练习数量和提高负荷强度，使运动员能在较困难的条件下保证技术的正确性、熟练性，以便在未来的表演比赛中发挥出最佳水平，取得好成绩。

其次，教练员将重复训练法用于身体训练时，应尽量选用简单实用、运动员已基本掌握的练习动作作为训练内容，在确定练习数量、负荷强度、重复练习次数时，要根据运动员的实际情况进行安排。教练员应对训练水平较差的运动员降低要求，并在练习之间安排较充分的间歇时间，随着运动员的训练水平不断提高，再逐步增加其练习次数、负荷强度和重复次数。教练员还应该根据实际情况加强技术指导，不断对运动员提出新的要求，这既能保证练习的准确性、实效性，又能逐步提高训练质量。

最后，教练员采用重复训练法时，应注重对运动员进行目的性教育，激发运动员训练的积极性。反复练习同一动作，运动员容易产生单调乏味的情绪和注意力分散，从而影响训练效果。在训练过程中，教练员应根据需要，灵活地结合一些比赛、游戏活动，提高运动员重复练习的兴趣，以便取得更好的训练效果。

二、持续训练法

（一）含义

持续训练法指在相对较长的时间内，用较稳定的、适宜的强度持续练习的训练方法。这种方法一般用于提高运动员的一般耐力和有氧耐力。

（二）运用持续训练法的基本要求

首先，因为持续练习的时间较长，练习量较大，所以负荷强度不应太大。一般情况下，将运动员的心率控制在130~160次/分钟，且以恒定的速率进行训练，这有利于运动员提高一般耐力，若要提高专项耐力，则可通过提高负荷强度，增加持续训练时间等方式实现。

其次，在运动员训练时期或休整期，教练员采用中、小强度对其持续训练，是为了提高或保持运动员的一般耐力。因此，在比赛期间可采用小强度作为机体恢复手段，采用中等强度可以让运动员适应比赛需要，保持必要的耐力水平。

三、间歇训练法

（一）含义

间歇训练法指在一次（组）练习之后，严格控制间歇的时间，在运动员机体机能尚未完全恢复的情况下，就进行下一次（组）练习的训练方法。

间歇训练法与重复训练法的区别在于间歇训练法对各次（组）练习的间歇时间有严格规定，运动员要在机体机能未完全恢复的情况下就开始下一次（组）练习。而采取重复训练法时，运动员是在机体机能基本恢复的情况下，才进行下一次（组）练习。在柔力球训练中，根据训练强度，间歇训练法可分为小强度间歇训练法和大强度间歇训练法。

小强度间歇训练法，也称非强化间歇训练法，其训练强度一般为机体承受最大强度的50%~60%，负荷时间为45~90秒，训练目的主要是提高机体的无氧与有氧混合代谢能力。随着运动员机体机能逐渐提高，教练员结合训练任务的需要，可适当安排一些较大强度的训练内容，从而提高运动员机体的无氧非乳酸代谢能力，以适应紧张的比赛。

（二）运用间歇训练法的基本要求

首先，教练员要根据训练任务安排间歇训练方案。间歇训练法由 5 个要素组成，即每次练习的数量、负荷强度、重复次（组）数、间歇时间及休息方式。各要素相互影响、相互制约，因此在变换或调整某一要素的参数时，要充分考虑到该要素对其他要素的影响。一般情况下，如果负荷强度不大，那么练习数量可多些，间歇时间可相对短些；若负荷强度加大，则练习数量要相应减少，间歇时间要相对加长。

其次，在某一间歇训练方案确定后，教练员应据此先安排运动员进行一段时间的训练，以提高运动员的训练水平，再根据训练任务和具体情况，调节有关要素的参数。在制订新的训练方案时，教练员要注意检查和总结经验，制订出科学、合理，符合运动员承受负荷能力的训练方案，以达到提高训练效果的目的。

最后，间歇时的休息方式以轻微活动为宜。例如，运动员可以根据自己在练习中存在的问题，回顾教练员提出的要求，仔细体会动作的正确要领，纠正错误动作，或者放松疲劳的身体部位等。

四、变换训练法

（一）含义

变换训练法指在练习过程中教练员有目的地变换练习的负荷、单个动作组合，以及变换练习的环境、条件等内容，以提高运动员的适应能力和应变能力的训练方法。

变换训练法是在运动训练中被广泛采用的训练方法，能有效提高运动员对训练和比赛的适应能力，改进运动技术与战术，提高训练水平，且有利于培养运动员的运动感觉，消除在练习中产生的单调枯燥感，提高运动员对练习的兴趣和积极性，对推迟疲劳出现的时间也有着积极意义。常采用的变换训练法包括改变运动负荷的变换法、改变动作组合的变换法、改变练习环境和条件的变换法。

（二）运用变换训练法的基本要求

首先，在进行变换训练时，教练员应根据训练的具体目标，有目的地变换练习的负荷、技术动作的组合、练习的环境和条件等。如在学习难度较大的动作时，运动员因心理紧张而难以掌握运动技术，此时教练员可以变换练习的环境或采用转移练习等手段，消除他们的紧张心理。

其次，教练员应根据训练计划的基本内容灵活使用变换训练法，以帮助运动员巩固技术、技能和提高身体素质。如运动员在学习整套技术动作时感到疲劳或反应较迟缓，教练员可采用难度由复杂变换成较简单，动作组合由整套变换成半套或单个动作的方法，或变换成针对学习和掌握某些技术动作而必须具备的某些身体素质的练习，以调节运动员的体力，巩固他们的技术，提高他们的身体素质。

再次，在技术、战术训练中，教练员采用变换训练法达到目的后，应及时恢复到正常情况下的练习。在通过变换训练法纠正运动员的错误动作时，应避免因变换训练条件而使运动员形成不符合比赛要求的动力定型，这可通过增加或减少练习的重复次数与调整间歇时间的方式来避免。

最后，随着运动员训练水平的提高，教练员应逐步提高运动员的练习数量、每次练习的负荷强度或缩短间歇时间。

五、综合训练法

（一）含义

综合训练法指在运动训练中将上述各种训练法有机结合使用的训练方法。综合训练法能灵活地调节运动员的训练负荷与间歇时间，从而使运动员有效地达到练习要求，实现提高运动员的运动素质和技术水平的目的，使训练取得很好的效果。

（二）运用综合训练法的基本要求

首先，教练员将各个训练方法组合运用时，应根据训练的具体任务和各个方法的特点，从对象和训练条件的实际出发，科学地组合和运用。如在竞赛期的赛前训练，可采用由重复训练法与间歇训练法组合成综合训练法进行套路的分段练习和整套练习。分段练习的间歇时间短于整套练习的间歇时间，运动员可在大强度训练之后稍作休息，再迎接下一次的大强度训练，以提高动作的质量和成功率。

其次，循环训练法是综合训练法的一种组合方式，它指教练员根据训练的具体任务，有目的地把选用的动作或训练内容编成练习程序，使运动员按规定的顺序、练习数量、方法和要求，重复练习。教练员在设计循环训练法的训练方案时，要有目的地突出重点，因人而异地确定循环训练的负荷量。如赛前训练应以套路训练为主，以基本动作、基本功为辅，而素质训练只能因人而异，运动员缺什么练什么，并要防止因局部疲劳积累而产生的劳损。

六、智能训练法

（一）含义

智能是影响运动员竞技能力的重要因素之一，从某种意义上说，运动训练中所需要的智能，实际上也是运动员知识与能力的综合体现。因此，各教练员应重视运动员智能方面的训练，并不断探索其内在规律。

（二）分类

一般而言，柔力球套路智能训练包括一般智能训练和套路运动智能训练两部分。其中，一般智能训练是套路运动智能训练的基础，而套路运动智能是比一般智能高一级的能力，它更能体现柔力球运动员的能力。

1. 一般智能训练

运动智能的提高是以一般智能为基础的。一般智能训练主要是通过学习现代文化知识，进行柔力球训练，逐渐提高运动员的抽象思维能力、逻辑判断能力、空间想象能力以及观察能力的过程。一般智能训练往往要结合专项智能训练来实施。虽然专项智能训练主要是提高运动员的柔力球套路专项智能水平，但它也潜在地提高了运动员的一般智能水平。因此，两者是相互融合、相互贯通的。

一般智能的提高是一个长期的、循序渐进的过程，要真正做好一般智能训练，必须把它贯穿于运动员日常的生活、学习、工作中，让运动员通过学习和在训练中与教练员共同探讨问题、处理各种事件，来提高自己的能力。

2. 套路运动智能训练

套路运动智能训练的主要途径是传授知识、掌握技能和开发智能。运动员是通过领会、理解、巩固、运用等环节，把“脑外”的知识储藏在头脑里，这也是人的智力活动的过程，该过程可以开发人的智能。体育技能属于操作技能，这种技能的获得离不开智力活动。

第三节 柔力球的技术训练

一、辅助练习方法

（一）镜面挥拍练习方法

面对镜子做挥拍动作：面对镜子站立，进行发球、左右摆动、左右水平旋转、抛接球、高远球、平弧球等各种挥拍动作的练习。可以在球拍顶端拴一条彩带，这样便于从镜中观察提球点位置是否正确和动作是否规范。

在练习时，运动员应有意识地根据正确动作要领完成挥拍动作，并通过镜子观察在抛球点时自己的姿势是否准确、抛球点位置的高低是否合理、抛球拍面是否正确、发力是否充分等。

（二）吊线球练习方法

用一条细绳拴住柔力球并将其固定在一定的高度，球的高度应以运动员练习后场抛球动作挥拍至肩上方的最高点为准。让球摆动起来，运动员做后场抛接球、头顶或反手执球动作，挥拍抛接悬挂在空中且处于摆动状态的柔力球，从中体会抛球拍面的角度、发力的时间、发力的位置等。

用一条细绳拴住柔力球并将其固定在与运动员腰部等高的位置，让球摆动起来，运动员做正手、反手右拉球等动作，挥拍抛接悬挂在空中且处于摆动状态的柔力球，从中体会抛球拍面的角度和发力的时间、位置等。

（三）反应、意念练习方法

在柔力球实战对抗中，运动员移动速度的快慢取决于其判断和反应速度的快慢。反应速度主要通过锻炼视觉、听觉来提高。

1. 信号灯反应练习

在练习时，教练员应让运动员运用各种抛球技术，根据指令完成移动挥拍动作，虚拟抛球。运动员在加强抛球意识的同时，还要学会合理分配注意力，使身体与大脑活动同步进行。在该练习中，运动员不但要注意抛球姿势，还要判断抛球路线和技术，让大脑与身体协调配合，完成练习。

2. 意念暗示练习

在练习时，运动员在自身意念的支配下，自行做无球移动挥拍动作。此练习的目的在于让运动员排除杂念，将注意力全部集中在练习的动作上，以尽快掌握技术动作。

（四）增强球感的练习

通过各种类似抛接动作做抛接柔力球的练习，增强运动员的球感，这是一项有效的场外辅导抛接球练习。

1. 抓球练习

运动员在判断来球方向的同时，注视来球，并迅速将空中的柔力球抓住。

2. 扔球练习

运动员四指并拢，大拇指扣住柔力球，用上臂带动前臂，将挥臂力量传至掌心，顺势将球向前上方抛出，体会抛球发力的动作。

3. 抛接球练习

用手掌做抛接球练习。抛球运动员将柔力球平放在掌心，在体侧先向后摆动，再用抛球动作将球向前抛出。接球运动员则向来球方向伸出手臂，用手掌接住来球，手臂平稳地拉回体侧并向后摆动，同时迅速将球再次抛出，如此反复练习。

二、带球辅助练习

（一）左、右弧形摆动练习

运动员通过右手持拍在体前做连续的弧形摆动，来体会圆弧运动时球拍与球之间的离心力和向心力。

要求：

（1）弧形摆动时球不能离开拍面；

（2）左、右弧形摆动时，拍位的高度应与肩平齐；

（3）摆动要均匀连贯，动作要放松柔和；

（4）另一只手协调配合，以保持身体的平衡。

（二）左、右抛接迎引练习

运动员右手持拍在体前做连续的弧形摆动，摆至身体左侧时将球沿球拍左侧边框向上抛出，然后顺势以左侧拍框向上迎球，将球沿切线引入球拍，随后持拍臂继续向右摆动，做同样的抛接迎引动作。运动员可通过该练习体会主动伸拍迎球、引化来球的技术要领，以及球沿着切线出拍和沿着切线入拍的感觉。

要求：

（1）摆动要均匀连贯，动作要柔和；

（2）球入拍时不可碰击拍面；

（3）双手协调配合，以保持身体的平衡。

（三）迎、引练习

运动员左手持球，右手持拍，左手将球向上抛起，右手主动伸拍向上迎球，使拍框朝向来球，并根据球的下落速度顺势引拍，使球切入球拍，然后带球在体前划弧，如此反复练习。运动员可通过该练习体会球入球拍时的技术要领。

要求：动作要柔和，迎球、引球要顺势连贯。

（四）迎、引、抛练习

运动员自然站立，左手持球，右手持拍，左手将球从身体的左侧向身体的右上方抛出，右手向右前上方伸拍迎球，并根据球的下落速度迅速引拍，使球切入球拍，然后带球经体前向左划弧，在弧线划至身体左上方时将球沿弧线的切线方向抛出，左手将抛出的球接住，如此反复练习。运动员可通过该练习体会弧形引化中迎球、引球、抛球的全过程及球飞出球拍时的技术要领。

要求：

（1）迎、引、抛动作要连贯，一气呵成；

（2）挥拍时手臂要自然舒展，弧线要饱满。

（五）正手、反手握拍的迎、引、抛练习

运动员自然站立，右手持拍，在体前做弧形摆动抛球和接球动作，该练习主要训练的是正手握拍和反手握拍的转换。右手正手握拍带球经体前下方向左侧弧形摆动，在摆至左上方时将球抛出，当球飞出球拍后，右手迅速捻转手中的球拍成反手握拍姿势，然后迅速迎球入拍经体前向右弧形摆动，在摆至右上方时将球抛出，此时右手再迅速捻转球拍为正手握拍迎球，如此反复练习，对正确合理地使用正手、反手握拍有很好的效果。

要求：

（1）正手、反手握拍交替时，持拍手的动作要迅速、协调；

（2）动作要柔和、自然。

（六）体前正手（或反手）握拍反手抛接球练习

运动员用正手（或反手）握拍方法进行的练习。运动员右手正握拍，由左上经左下、右下、右上在身体正前方按逆时针方向做弧形引化，到身体的右前方后顺势将球向左上方抛出，然后用左手将球接住，如此重复练习。

要求：动作要连贯流畅、上下配合、协同用力。

（七）带球左右水平旋转练习

在向右旋转时，运动员以右脚为支撑，右手顺势带球向右水平旋转360度后回位。在向左旋转时，左手由内向左抛球，右手持拍向左上方迎球入拍，以左脚为支撑，右脚蹬地，身体向左水平旋转360度后回位。运动员可以从中体会身体的旋转和球拍对球的控制。

要求：

（1）人、拍、球融为一体，旋转自然、动作协调完整；

（2）保持球在球拍上的离心力，运动员旋转时要固定转动轴，保持动作的沉稳和平衡。

（八）带球左右侧旋练习

侧旋抛接球是柔力球比赛中经常使用的进攻技术，它有进攻点高、进攻力大、落点准、动作实用等特点。缺点是技术难度较大，不好控制重心。这就需要运动员加强辅助训练，仔细体会动作要领。

以右侧旋（或左侧旋）辅助练习为例，运动员首先持空拍，采用正手（或反手）基本站位，重心降低，右手正握球拍，将球拍置于右前方向下45度的位置，球拍侧框斜对前方。然后，左臂向持拍臂的对侧打开，左脚（或右脚）蹬地，以右脚（或左脚）支撑使身体向右后（或左后）旋转，持拍臂和球拍由右（或左）下方45度处向后旋转至身体左（或右）上方45度处，再经体前旋转回右（或左）下方45度起点处。

要求：

（1）整个圆完整连贯，圆心和半径固定；

（2）球拍划出的圆在一个平面上，球拍经过旋转还能平稳地回到起点处。

三、步法辅助练习

柔力球的步法主要是滑步、原地旋转和腾空旋转，以及创造条件的配合步法。

使用滑步时，运动员的身体要保持中正，两脚开立，脚跟提起，两膝弯曲并内扣，除了做旋转动作外，运动员的身体重心要保持在两脚之间，两脚要始终保持灵活性，以便随时能向各个方向起动滑步。当球飞来时要及早判断，根据来球方向和落点迅速滑步，使身体移动到方便控球的位置。柔力球的打法比较灵活自由，随机性和时效性很强。

运动员要经过较长时间的训练才能熟练自如地移动。在训练中，教练员要严格掌握由易到难、循序渐进的原则，场上运动员要始终在场地的中央，以便随时向场地的四周滑动，并以最快的速度滑回场地的中央。运动员做出的每个滑步、旋转，除了要使之有利于进攻，还要考虑动作能否快速还原，以及自身能否快速回到场地的中央，控制场上的整体局面。在步法训练时，教练员一定要要求运动员移动迅速、快出快回、动作准确、还原迅捷。在练习时，教练员要把场上的每个点、每个方向的动作分离出来，反复训练，使运动员形成正确的动力定型。可以先让运动员做徒手练习，之后持空拍练习，最后再带球练习。在带球练习中，教练员可以采用多球练习方法来帮助运动员快速形成正确的动力定型，达到事半功倍的效果。

第四节　柔力球的战术训练

柔力球战术是柔力球运动中一个重要的组成部分，是竞技比赛中克敌制胜的指导原则和根本方法。技术是战术的基础，战术是技术的灵魂，二者相依共生，密不可分。

柔力球技术改变了一般球类项目中直接硬性碰撞击打的技法，以柔性的弧形引化为主要特点，要求身、心、球融为一体，在运用身体和器械的同时，充分发挥人的主观能动性和创造性，最大限度地提高技术的技巧性、准确性。运动员应让对方判断失误，尽可能地降低对方的技战术质量，从而为战胜对方创造条件。由此可见，柔力球战术体现了太极思想的哲理与东方文化的神韵。在柔力球的训练中，运动员一旦掌握了一定的基本技术，就应主动自觉地增加战术意识的培养和战术运用的训练，从而逐步提高柔力球运动的整体水平。

一、战略、战术的定义

在柔力球比赛中，战略是运动员针对不同的对手选择、制定的实战指导思想。

战术指运动员在比赛中经常运用的手段，是战略的具体实施办法。它可以在比赛中不断变化，以便适应并破坏对方的战略、战术。

在比赛中，双方都想控制对方，力争主动，以己之长，攻彼之短，所以控制与反控制的竞争是十分激烈的。能够根据不同对手的特点，采取相应的技术手段战而胜之，这就是战略、战术的意义。

二、战略、战术的目的

（一）引导对方调动位置

对方一般会站在场地的中心位置，以便全面顾及各个角落，应对各种来球。如果运动员把对方调离中心位置，其场区就会出现空当，这空当就成了进攻的目标。

（二）使对方失去对重心的控制

运动员可利用重复球或假动作打乱对方的步法，使对方因对重心失去控制而来不及还击，或延迟对方接球的时间，导致其回球质量差，从而陷入被动。

（三）消耗对方的体力

运动员要控制球的落点，最大限度地利用整个场地，把球攻到场地的4个角上或离对方最远的位置，尽量使对方在每次回球时消耗体力。在争夺一球的得失时，也应以多拍调动对方，让对方跑动，当对方体力不支时再进攻。

（四）有意识地攻击对手的易失误点

在对抗中，运动员一旦发现对方有某个技术动作或技术环节不规范而易被裁判判罚时，则可有意识地多将球抛至对方的易失误点，造成对方因接球质量不高或技术动作错误而失分。

（五）瓦解对方的意志

在比赛中，运动员可通过各种方式、手段和途径刺激和影响对方，使对方或变攻为守，或铤而走险，或失去信心，以打乱对方的原战术并使之出现混乱状态，进而战而胜之。

三、运用战术的基本原则

（一）知己知彼，百战不殆

运动员在赛场上除了要知道自身的技战术特点，还要掌握对方的技战术特点，并针对赛场上可能出现的情况，设计多种可行的对策。运动员要做好充分的准备，无论是在比赛节奏上还是在具体打法上都要力争主动，控制场上的局面，不要误入对方的“圈套”，还要随时根据场上的变化调整战略、战术，让对方摸不到规律。

（二）避实就虚，击其弱点

运动员要最大限度地发挥自己的优势，找准对方的薄弱环节或要害，力求以长击短。

（三）协调一致，优化组合

柔力球比赛讲究攻防结合，打吊结合，运动员要精心做好攻防动作的衔接和组合，确保攻防的一体性和进攻的连续性。在双打中两名运动员要充分发挥自身的技战术优势，正确选位，合理分工，默契配合，形成最佳的攻防体系。

（四）隐真示假，声东击西

运动员要尽力隐藏自己的意图，合理巧妙地变化抛接球的弧度、力度和方向。不同的动作可抛出相同或相似的球，同一或相似的动作又可抛出不同的球，以假乱真，给对方造成错觉。

（五）点面结合，巧用规则

运动员既要充分利用所有场地空间，在前、后、左、右、中的无穷变化中“作文章”，又要有战术上的要点，做到点面结合。运动员要吃透规则，既严格遵守规则，又合理利用规则，并在规则允许的范围内，运筹谋划，大胆创新。

四、柔力球的常用战术

（一）单打战术

1. 压后场战术

当遇到技术不够熟练、后场还击能力差、回球路线和落点盲目性大的对手时，一般采用这种战术。运动员将对方压于后场底线附近，让对手陷入被动局面，然后伺机进攻得分。另外，在对付后退步伐较慢、反击能力较差的对手时，重复压后场底线或重复攻后场直线，突击直角线，都能取得很好的效果。

2. 放前攻后战术

在对付移动步伐较慢、网前应变能力较差的对手时，运动员可先吊网前小球，打乱对方的阵脚，再突然攻击对方的后场底线。

3. 打四方球结合突击战术

这种战术在对付体力差、步伐慢的对手时较有效，即运动员以快速、准确的落点攻击对方场区的4个角落，调动对手前后左右奔跑，并在对方来不及回位时，向其空当进攻。

4. 攻后吊前战术

运动员先用长线高点进攻球压攻对手的后场，然后利用旋转时的速度变化或隐蔽技术手段突然将球吊在网前。

5. 真假变换战术

在进行弧形引化的过程中，运动员可以用假动作、眼神等，让对手揣摩不定，疲于应付，然后伺机攻其不备而得分。

6. 追身球战术

躯干部位是防守中的弱点。运动员可以用追身球直逼对方胸前，使对手抛接困难，或直接造成对手失误。

（二）单打进攻战术

1. 发球抢攻战术

发球抢攻是比赛的重要得分手段。运动员可根据对手的站位、回应球的习惯球路、反击能力、打法特点和心理状态等情况，运用不同的发球手段，以取得前几球的主动权。这一战术的运用，可打乱对手的整个战略部署，让对手措手不及。特别是在关键时刻，运动员运用发球抢攻战术能获得较好的效果。比如在相持时，可以用它打开僵持的局面，力争主动；在领先时，可以用它乘胜追击，一鼓作气战胜对手；在落后时，可以用它做最后的拼搏，争取力挽狂澜，反败为胜。

（1）发前场区球抢攻战术。

发前场区球抢攻战术的目的：①偷袭，如果对方反应慢或站位偏后场，那么偷袭的成功率较大；②限制对手的快速攻击；③有意识地准确判断对方的回击球路，从而组织和发动快速且强有力的抢攻，以便直接得分或获得第二次攻击机会。

（2）发平快球抢攻战术。

发平快球抢攻战术和发前场区球抢攻战术的不同点在于：发前场区球

抢攻可直接抓住战机进行抢攻，而发平快球抢攻则要通过防守反攻的手段才能获得抢攻的机会。

发平快球抢攻战术的目的：①配合发前场区球抢攻战术；②让对手盲目进攻或在我方的判断范围之内进攻，使我方能从防守状态快速转为进攻状态；③使对手因失去重心而失误。

（3）发高远球进攻战术。

发高远球战术的目的：①把对手逼至后场区，从而使网前区出现空当；②让对手无法进攻或让进攻路线变长，从而造成对手进攻力量不足；③为我方进场准备接发球赢得较充分的时间。

（4）发高压球进攻战术。

该战术利用高压球势大力沉、攻击速度快的特点，使对手出现接球困难、回球质量差的情况，为我方进攻创造条件。发高压球进攻战术的目的主要是限制对手的接发球进攻，争取我方的主动权。

2. 接发球抢攻战术

接发球抢攻战术是接发球战术中极易得分且极具威胁的一种战术，但使用该战术的前提是对手的发球质量欠佳，如发高远球时落点不到位，发前场区球时球超过网的高度过高，发平快球的速度不快、角度不佳。一旦离开上述前提条件而盲目抢攻，效果就会很差，成功率就会很低。除此以外，运动员还要有积极、大胆的抢攻意识。

因为抢攻战术大都要完成两三拍抢攻球路才能奏效，所以运动员一旦发动抢攻就要加快速度，扩大控制面，抓住对手的弱点或习惯路线一攻到底，一气呵成，完成一个组合的抢攻战术。

3. 单个技术的进攻战术

（1）重复高远球进攻战术。

这是用高远球反复进攻对手同一个后场区，以求达到置对手于“死地”或使对手回球质量差，以利于我方进行最后一击的战术。这种战术用于应对主动上网快、控制底线球能力差以及后撤步法差的对手效果较好。

（2）拉开两边高远球进攻战术。

这是使用高远球连续攻击对手两边的底线，以求获得主动权，或使对手陷入被动，以利于我方进行最后一击的战术。这种战术要求我方运动员控制高远球的出手速度、击球的准确性和动作的一致性都较好。这种战术用于应对主动上网快、两边底线攻击能力较弱的对手效果较好。

（3）重复网前小球战术。

这是运动员重复使用网前小球，吊两边或吊一边，以求获得主动攻击权的战术。这种战术要求我方运动员吊球技术较好，并能掌握假动作吊球，这对上网步法差和在回底线球不到位的情况下就急于后退去防守我方的对手最有效。

（4）重复杀球进攻战术。

当遇上一位习惯防守的对手时，就可采用重复杀球进攻战术。采用这种战术首先要了解对手的情况，可以先有意识地“喂”对手几个球，观察其战术特点，再调整好自己的位置，反复强攻，并注意落点的刁难性。

（5）高远球与吊球的进攻战术。

可依据对手的站位情况，反复使用高远球与吊球的进攻战术，使对手疲于应付，甚至出现技术动作变形的情况。一旦对手回球质量不高，就可乘势进攻得分。

（三）单打防守战术

防守战术的原则是“积极防守”“防守反攻”，而不是“消极防守”。如果运动员处于被动防守的情况下，可以通过调整战术来化解对手的攻势，夺回失去的主动权，这要求运动员必须具备较好的防守能力，包括手法、步法、身法等。

1. 打底线高远球的防守战术。

打底线高远球是为了使自己有更多的时间调整，从而为转守为攻创造条件。这种战术在防守上非常有效。

2. 采用长短结合的防守战术。

在防守中采用勾对角网前小球和放后场高远球战术是很有效的。当然，运动员只有准确判断对手进攻的落点，反应到位，并掌握灵活多变的手法，才能打出精准的勾对角球，达到“防守反攻”的目的。

（四）双打战术

双打要求两名运动员配合默契，通过把两人的长处结合起来，打出比任何一个人的单打水平还要高的比赛。由于双打战术机动灵活，变化比单打战术复杂得多，因此无论是在高水平的对攻战还是在中低水平的攻防战中，两名运动员能做到瞬间的默契配合很不容易，而这一点正是双打战术的突出特点，是双打战术成功的关键。“默契配合”要建立在两人相互了解和信任的基础上，是在长期配合中磨炼出来的。好的双打搭档应紧密合作、互创条件、扬长避短、相辅相成，在场上有呼有应、相互鼓励、气势如虹，即使由于实力不如对手而失利，两人的合作也是愉快的、融洽的。因此，双打的根本是两人如同一个整体，无论何时都要并肩作战，移动要一致，可以将此想象为两人被一根松弛的绳子连接，这根绳子使他们一同向前、向后、向左、向右移动。

1. 发球战术

双打发球比单打发球的攻击性更强。运动员在发球时可充分观察对手的站位，考虑对手的回球路线。在比赛中，发球技术最好的球员通常是第一发球员。在每场比赛中，发好第一次球尤为重要。

2. 攻人战术

这是一种经常被使用且行之有效的战术。当发现对手中有一个人的防守能力或心理素质较差、失误率较高或防守时球路单调时，就可采用这种战术，向这个实力较弱者进攻。这种战术的目的是集中优势兵力以多打少，以优势打劣势，从而使自身在比赛中获得主动权或得分。另外该战术有利于打乱对手的防守站位，另一个不被进攻的人，由于没有球可打，其站位会慢慢地偏向同伴，导致在站位上出现空当，这有利于我方突击空当从而取得成功。并且，该战术可能使对手在思想上产生矛盾，进而互相埋怨，影响士气。

3. 攻中路战术

不论对手把球打到什么地方，我方攻球的落点都应集中在两名对手之间的接合部，并靠近防守能力较差者一侧，或在中线上。攻中路战术，不仅可以造成两名对手抢球或漏球，还可以限制对手击出大角度的球路，有利于我方灵活选取网前小球技术动作，是对付配合较差的对手的有效战术。

4. 攻直线战术

即杀球路线为直线，没有固定的目标和对象，只依靠杀球的力量和落点来得分。当对手的来球靠近边线时，攻球的落点在边线上；当对手的来球在中间区时，就朝中路进攻。这个战术虽然控制杀球路线的难度高一些，但效果不错。

5. 拉开掩护战术

在双打中，我方一人抛接球时，另一人积极跑位，拉开掩护，用准备接球进攻的行动，吸引对方防守人员的注意，为接球手创造进攻机会。

6. “二传球”战术

面对对手击来的球，我方不是一次就回击过去，而是充分利用规则进行一次“二传”（俗称“做球”），为我方主攻手创造进攻机会。“二传球”战术要求两人配合默契、分工明确。

以上是柔力球竞技比赛中常用的打法。技术是战术的基础，战术是技术的灵魂，二者相辅相成，缺一不可。运动员在运用战术时要注意技术的合理性，如求快时不可撞击或省略引化，求慢时不可停顿或持球引化，追求方向时不可折向，追求杀伤威力时不可二次发力。一个战术的运用，往往能为下一个战术创造机会。因为赛场情况千变万化，所以运动员对战术的运用既要灵活多变，又要不断创新。

第五节 柔力球运动员的身体素质训练

身体素质训练是柔力球训练不可缺少的一个重要部分，一个优秀的柔力球运动员必须具备良好的身体素质。

一、运动员的身体素质训练

身体素质是运动员身体的形态与机能的综合表现。通常身体素质分可为力量素质、速度素质、柔韧素质、灵敏素质和耐力素质等。在运动训练中，人们把身体素质训练分为基础身体素质训练和专项身体素质训练，两者既有区别又有联系。基础身体素质训练是专项身体素质训练的基础，专项身体素质训练能为基础身体素质训练提供巩固机能的条件。基础身体素质训练的目的在于增强运动员的体质，提高各器官、系统的机能，全面提高运动素质。专项身体素质训练的主要目的是提高运动员的专项身体素质，直接为提高运动技术服务，其中力量素质是基础，速度素质是核心。

（一）力量素质训练

1. 提高力量素质的意义

力量素质是对柔力球运动员而言重要的身体素质之一。没有力量，就会限制运动技术的提升。力量素质影响着运动员的速度素质、灵敏素质和耐力素质，适宜的力量可使运动员更好地操控自己的身体。可以说，力量素质是其他身体素质的基础。

2. 力量素质训练的注意事项

（1）教练员应使运动员身体各部位的力量得到全面加强。

（2）坚持“重点突出，兼顾一般，区别对待”的原则。教练员要根据运动员的年龄、性别、身体状况和训练经历，有针对性地安排力量训练。

（3）在运动员进行大强度的力量训练前，教练员要让他做好充分的准备活动，避免肌肉拉伤。在大强度力量训练后，教练员要让运动员放松肌肉，以利于疲劳的恢复。

3. 提高力量素质的训练方法

（1）上肢力量训练：引体向上、俯卧撑、击掌俯卧撑、双杠臂屈伸、哑铃练习。

做上述训练时应注意保持一定的速度，并与增强爆发力的训练结合起来进行。

（2）下肢力量训练：单足跳、双足跳、蹲跳、负重蹲起、跑台阶、负重蹲起跳、负重半蹲跳。

（3）腰腹力量训练：仰卧起坐、仰卧举腿、仰卧两头起、悬垂举腿、实心球练习。

（二）速度素质、灵敏素质训练

1. 提高速度素质、灵敏素质的意义

速度和运用速度的能力是运动员从事所有球类项目时必不可少的技能。在柔力球运动中，速度的重要作用尤为明显。柔力球比赛需要运动员长时间、不间断地快速跑动、抛接球，能做到反应迅速、起动快、移动迅速，是运动员在比赛中取得好成绩的重要保障。运动员灵敏素质的优劣，往往决定着其技术水平的高低。灵敏素质是运动员的力量、反应能力、速度、爆发力和协调性等素质的综合反映。

2. 速度素质、灵敏素质训练的注意事项

（1）运动员在青少年时期的大脑皮层神经过程的灵活性较高，可塑性大，这有利于提高速度素质和灵敏素质。因此，教练员要注意训练的多样性。如果训练得当，运动员的速度素质、灵敏素质会得到较快的提高，进而有效地促进其专项技能、技巧的提高。

（2）应将速度素质和灵敏素质的训练安排在训练课的前半部分。不要在运动员身体疲劳的时候进行以上训练，因为在身体疲劳的情况下，运动员的力量、反应时间、速度和爆发力等素质会发生变化，动作不协调，勉强训练常常会劳而无效，甚至会产生副作用。

（3）速度素质和灵敏素质的训练要循序渐进地进行，应逐步增加训练的强度和量。在运动员的无氧代谢能力还没有得到有效加强的情况下，负荷太大会导致疲劳积累，欲速则不达。

在训练时，教练员要注意让运动员交替做有规律的动作和无规律的动作，同时可根据单个技术动作的特点，创造一些相似的训练，也可将一些单个技术动作串联，让运动员进行联合训练。

3. 速度素质、灵敏素质的训练方法

（1）快速持拍、挥拍训练：100 次/组×3 组。

（2）快速对墙抛接球训练：20~30 分钟。

（3）快速挥拍训练：50 次/组×3 组。

（4）快速挥轻量型哑铃训练：50 次/组×3 组。

（5）快速抛接多球训练：具体训练内容根据不同单一技术动作而定。

（6）快速拉橡皮条：将橡皮条的一端绑在一个支撑物上，手拉橡皮条的另一端，训练挥拍动作：50 次/组×3 组。

（7）在柔力球场地上进行快速前后往返跑、快速滑步跑、快速侧身交叉跑、快速组合步法移动等训练：20 次/组×3 组。

（8）快速跳绳（各种跳绳方法），可以按规定时间训练，如 1 分钟快速跳、单跳、双跳或者 10 分钟双跳等。

可以根据每次课的具体安排，在以上训练方法中选择 2~3 项进行训练。

（三）耐力素质训练

1. 提高耐力素质的意义

一场柔力球比赛的持续时间较长，这要求运动员有良好的耐力素质以保证技术、战术的正常发挥。因为在对技巧性和精确性要求较高的柔力球比赛中，疲劳会直接妨碍运动员正确完成动作，提升失误率。当神经肌肉疲劳时，运动员对对方来球的判断、反应以及自身的动作速度、协调性和灵活性也将下降。

2. 耐力素质训练的注意事项

（1）在提高一般耐力时，要注意运动员的动作节奏和工作肌的负荷情况。动作节奏加快，负荷加大，则持续活动的时间就要缩短。用较慢的节奏训练时，耐力素质提高较快；用较快的节奏训练时，耐力素质提高较慢。

科学实验材料证明：运动员在进行中等速度的训练时，耐力可以提高40倍；而在进行高等速度的训练时，耐力只能提高3.5倍。

（2）在提高一般耐力时，要注意运动员性别、年龄的区别。将成年男子与成年女子进行比较，在柔和的练习中，二者的耐力只有微小的差别，但在剧烈活动中，成年女子的耐力明显低于成年男子。在青春发育期开始之前，女孩在耐力方面几乎和男孩相同。儿童的每搏输出量少，这一因素会限制耐力的提高，且到青年时期才会逐渐消失，所以对儿童的耐力训练，不应操之过急。

（3）耐力训练应安排在训练课后半部分进行。

（4）在提高专项耐力时，要注意与速度和灵敏素质训练相结合。

3. 耐力素质的训练方法

（1）12分钟跑：在12分钟内尽可能跑较远的距离。跑时的生理负荷要适宜，心率一般控制在140~170次/分钟，负荷强度为运动员所能承受的最大强度的75%~85%。开始练习时，运动员的训练水平可能不高，但经过一段时间的训练，运动员能在保证不降低负荷强度的前提下逐渐增加基础跑的距离，这反映了运动员的耐力素质得到了明显提高。

（2）跳绳：跳绳不仅是提高速度素质、灵敏素质、协调素质的良好手段，也是提高耐力素质的好方法，如采用每分钟80~100次的3分钟跳绳方法，将有助于提高柔力球运动员的耐力素质。

（3）400米重复跑：进行400米跑，重复3~4次为一组，重复2~3组，每次间歇5~6分钟，每组间歇15~20分钟。

（4）阶梯式跑：进行由短至长，再由长至短的不同距离的间歇跑练习，在每跑完一个距离后可适当休息，间歇时间应依据运动员所跑的距离来确定，一般应控制在 3~7 分钟。

（5）台阶跑：要求运动员连续练习 1 分 30 秒~2 分钟，每分钟跑上（下）台阶50~60 个，休息 2 分钟左右，再做下一次。

（6）接抛地滚球：练习时，运动员与同伴相距 3~5 米面对面站立，当同伴用手向运动员的左、右两侧抛地滚球时，运动员应当快速移动，用手接住抛来的柔力球，并立即将球抛给同伴，随后准备接下一个来球。抛球的方向和距离要不断变化，使运动员只有在全力移动的情况下才能将球接住，而且中间不要有停顿，让运动员连续完成接球动作。每组练习 2~3 分钟，稍作休息，再重复练习。

（7）组合技术练习：左右移动连续进行底线抽击练习，30~50 个好球为一组，进行比赛练习。可连打 9 盘组合技术练习比赛，或先进行身体素质训练再进行这样的练习比赛。这些练习都能有效提高运动员的耐力素质。

（四）柔韧素质训练

1. 提高柔韧素质的意义

运动员若身体缺乏柔韧性，动作就会僵硬且不协调，运动员甚至难以完成有一定难度的技术动作。良好的柔韧性有助于提高运动员技术的稳定性和规范性，使动作更加流畅、优美。

2. 柔韧素质训练的注意事项

儿童时期是运动员提高柔韧素质的最佳时期。在这一时期，教练员除了安排运动员在身体素质训练中进行柔韧性练习外，还可在训练前的准备活动中和课后的整理活动中让其进行柔韧性练习，这样既可以提高运动员的柔韧性，又可以预防运动员在练习中出现肌肉拉伤的情况，还有利于疲劳恢复。

3. 柔韧素质的训练方法

（1）压腿练习：①将脚放置在垒木上，上体向下轻压，交换另一只脚重复做；②弓步压腿和侧弓步压腿；③将脚背搭在垒木上，上体向后压；④可呈跑姿，上体向后躺压；⑤可呈坐姿，上体向前压。

（2）腰背练习：①双脚分开，上体向前、左、右振压，同时进行较大幅度的腰绕环动作；②双脚分立，双手向上举，用一只手抓住另一只手向左侧拉并使上体向左侧倾斜，再换反方向做同样的动作；③两人一组背靠背，两手向上举，一方抓住另一方的双手，直腿弯腰将对方背起呈仰状，并屈膝轻轻振动数次，两人轮换做。

（3）上肢练习：①直立，两手在胸前和体前击掌；②直立，两臂向两侧后举，手掌向前，同时手指用力张开，肩带放松，两臂自然下垂在体前交叉；③直立，用力挺胸，两手抱头，两肘先外展再向前，肩带放松，含胸；④直立，进行单臂和双臂侧面绕环。

（4）转腰练习：两人背向站立，相距 1 米左右，持实心球做左右转体传接球练习。

二、身体素质训练的注意事项

（一）要从实际出发

身体素质训练必须从实际出发，教练员在全面考量共性身体素质的同时，要注意因人而异。

（1）人的身体素质不同，教练员在训练运动员各项身体素质时，要根据每个运动员的具体情况，有所侧重。

（2）由于不同运动员掌握的柔力球技术不同，对身体素质的要求也有差异。因此，教练员在安排身体素质训练时，应考虑每个运动员的技术特点。

（3）教练员要根据运动员的年龄、性别和原有的身体素质训练水平安排运动负荷。

（二）要结合专项特点

（1）根据柔力球项目的特点，教练员在安排各项身体素质训练时，要有轻重缓急之分。例如，在训练运动员的灵敏素质、速度素质和耐力素质时，灵敏素质、速度素质训练的比重应大于耐力素质训练。

（2）根据不同训练阶段或技术训练的需要，教练员要有重点地安排身体素质训练的内容。如在技术训练的某阶段，教练员要想提高运动员在移动中的正手抽球能力，可在专项素质训练时，多安排一些有助于运动员提高移动速度和起动速度的练习。

（3）教练员给运动员安排的身体素质训练的运动负荷，应符合柔力球竞赛的实际需要，采用的练习形式要接近柔力球运动的技术特点。

（三）要选择合适的训练手段

教练员要注意身体素质训练手段的选择，应尽可能做到“一举两得”。例如，变速跑不仅可以提高运动员的耐力素质和速度素质，而且适合柔力球的移动特点。

（四）要考虑各项身体素质训练之间的相互关系

教练员要考虑各项身体素质训练之间的相互关系，合理安排各项身体素质练习的先后顺序。例如，提升速度素质、灵敏素质的练习，应安排在前面；而提升力量素质、耐力素质的练习，应安排在后面。又如，在进行挥拍、步法移动和腰背肌肉力量练习时，教练员应将几个练习穿插编成组，安排运动员进行分组循环练习，以便其身体各部分肌肉能轮流得到休息。

（五）要充分利用各项身体素质之间相互促进的关系

运动员在进行身体素质训练时，要充分利用各项身体素质之间相互促进的关系，尽量避免它们之间相互制约。如运动员在进行可以提升耐力素质的较长距离跑时，若练习次数过多，且跑后又不注意进行一些快跑练习和高频率的动作练习，就容易导致动作速度和快速动力定型的消退，使速度和爆发力下降。又如，力量训练虽然有助于运动员提高速度，但是只有结合专项特点来加强某些肌群的力量，才能对提高速度有意义，如果片面采用大负荷的力量练习，往往会降低肌肉的弹性和放松能力，使速度的发展受到不良影响。因此，在训练中要尽量避免各身体素质相互制约的一面，充分利用它们之间相互促进的一面。

（1）运动员在完成速度训练后，可进行弹跳力训练。这两种训练有利于协调运动员的中枢神经系统的机能。

（2）运动员在进行耐力训练后，要及时做些快跑或高频率的动作，以防止速度下降。

（3）运动员在进行速度训练之前，可适当进行一些强度稍大的短跑训练，或强度稍大的上肢动作训练，以利于提高运动员神经系统的兴奋性，使训练取得较好的效果。

（4）教练员最好将灵敏性、协调性的练习安排在运动员精力充沛的情况下进行。因为只有在精力充沛的情况下，人体的中枢神经系统的兴奋和抑制才比较强且均衡，动作的准确性才高。

（六）要注意运动负荷量和强度之间的关系

运动负荷指训练带给人体的生理负荷。决定运动负荷大小的主要因素是负荷量和负荷强度。负荷量指运动员完成练习的数量、次数、组数、时间、距离和重量等。负荷强度指运动员完成每个练习的速度、练习的密度、负重量以及以较大的速度或负重量进行的练习在全部练习中所占的百分比。

负荷量和负荷强度是相互联系、不可分割的，二者一般情况下成反比关系，并且由负荷强度刺激所引起的机体反应一般比较强烈。教练员在给运动员安排运动负荷时，应在保证动作质量的前提下，让负荷量和负荷强度的提高和降低相互配合，科学合理。一般情况下，负荷强度越大，负荷量越小；负荷强度适中，负荷量则可以加大。

（七）要注意防止运动损伤

在身体素质训练中，教练员应时时注意防止运动员受伤。例如，训练开始前要做好充分的准备活动。教练员要检查场地、器械，并要求运动员在训练中正确地完成动作。在训练后，教练员要让运动员针对有关部位进行反向活动，使训练中长时间收缩的肌肉得到拉长，同时让运动员做些必要的放松和按摩活动，以消除疲劳。

第六节 柔力球运动员的心理素质训练

目前，不少学者认为随着运动技术水平的不断提高，对运动员生理能力的挖掘已逐渐接近极限，通过加大运动负荷和延长训练时间的做法，发挥的效果也十分有限，因此必须走提高训练效果，促进比赛发挥的路，而运动员（特别是优秀运动员）最大的潜力在于其心理能力。运动实践证明，许多优秀运动员能在比赛关键时刻取胜，大都归因于心理上的优势，而不少运动员比赛失常是由精神过度紧张造成的。

一、心理素质训练的重要性

在柔力球比赛中，有时会出现一两个球决定一场比赛的情况，那么这一两分就是关键分。某些运动员之所以能成为顶尖运动员，很大一部分原因是他们处理关键球的能力比别人更胜一筹，这需要过硬的心理素质作保证。在已经拿到1~2个赛点的情况下，运动员由于心理素质不稳定，而让对手拿下此局进而翻盘的例子不胜枚举。因此，运动员平时一定要加强心理素质训练。

心理素质训练指有目的、有意识地对运动员的心理施加影响，并采用相应的方法和手段，让运动员形成良好的心理状态的过程。

心理素质训练的目的是培养和提升运动员在紧张的训练和比赛中所必需的心理素质，使运动员学会控制和调节自己的心理状态，以便更好地适应训练和比赛的要求，并取得好成绩。

二、心理素质训练

根据运动员训练和比赛活动的需要以及心理素质的形成规律，可将柔力球运动员的心理素质训练分为一般心理素质训练和赛前心理素质训练两类。

（一）一般心理素质训练

一般心理素质训练，是教练员在整个训练过程中都要注意安排的一种长期的心理素质训练。它是赛前心理素质训练的基础，其主要目的是培养运动员的各种心理能力，完善个性，让运动员形成对训练的良好动机和态度，使其在长期艰苦的训练过程中能够稳定情绪、精力充沛、始终如一地向总目标前进。

根据柔力球运动的特点，一般心理素质训练主要包括以下几个方面。

1. 视知觉训练

柔力球体积小，技术动作变化多，这就要求运动员有良好的视知觉。在比赛中，面对对手的抛球动作、抛球时的拍面角度和方向、球在空间运行的特点、对手的动向等一系列复杂的问题，运动员只有在视知觉准确的基础上，才有可能做出有效的行动。

教练员在日常训练中要有意识、有目的地采用各种有效的方法和手段，系统训练运动员的视知觉。例如，可采用各种手势信号让运动员做动作；在场地中设置标志，让运动员练习“打准目标”；将准备好的若干个球放在场地的不同位置，让运动员由背向球转向面对球，并快速说出球数等。

2. 集中注意力和注意力分配的训练

在柔力球训练中，运动员的注意力必须高度集中，这是因为柔力球是技巧性很强的项目，其技术动作复杂细腻，运动员稍有分心就会影响训练质量。在比赛中，运动员只有注意力集中，才能排除周围不良刺激的干扰，在变化的情况下及时做出正确判断。注意力的分配指运动员在同一时间内，把注意力分配到两种或以上的对象或活动上去。注意力分配是注意力集中的一种特殊表现，只有注意力高度集中才能有合理的分配。教练员可以在练习中，要求运动员将注意力很快集中在比赛中，注意球、场地和比分，尤其注意看球，分析来球情况；还可以要求运动员在不同的干扰条件下练习，干扰条件包括外部的（如气候、观众、环境等）和内部的（如疲劳、情绪激动等）。当一个球失误后，运动员应立即摆脱因失分产生的不良情绪，汲取经验去打下一个球。

3. 意志力的训练

所谓意志力，是运动员自觉地确定目的，并根据目的来调整自己的行动，克服各种困难，从而实现目的的心理过程。根据柔力球的特点，运动员需要具备的主要意志品质有自觉性、主动性、自制力和自信心。

自觉性指一个人在行动中有明确的目的，并充分认识到自己的行为对社会的意义，它促使人们能积极主动地对待当前的行动，从而加速目的的实现。例如，怎样在无规律的训练中自觉练习注意力的集中与分配，怎样提高判断力，怎样达到技术质量要求，怎样正确地运用战术，怎样形成良好的比赛作风等，这些都需要运动员有很高的自觉性才能实现。

主动性是自觉性的具体表现，如要求运动员带着问题去练，并与教练员共同探讨技术、战术问题；在比赛中，运动员要积极主动地运用技战术，并依据场上情况，主动变化技战术等。

自制力主要指运动员在训练和比赛中对抗内心和外界的各种干扰，以保证良好的训练效果和正常运用技战术的自我控制能力。教练员应要求运动员在遇到困难时，正确看待困难，事先做好完成复杂练习的计划。在比赛中，运动员要逐步培养起稳定的情绪，不怕场内外的种种干扰。

自信心是运动员相信自己通过努力一定能实现既定目标的信念。自信心的培养需要运动员和教练员的共同努力，教练员要注意把握好训练的难易程度、技术水平提高的幅度对运动员的影响；注意以良好的刺激增强运动员的自信心。此外，教练员更应该注意对不同类型比赛的研究，并让运动员在不同水平、不同竞技状态下参加不同类型的比赛，通过比赛来培养运动员的自信心。

4. 判断能力、反应能力的训练

判断能力、反应能力的训练指运动员依据场上情况，决定所用技术和战术的能力。在柔力球运动中，运动员关注的场上信息一般有以下几种：对手的站位、对手的移动方向、对手使用的技术动作；球的路线、落点、速度和旋转方向。运动员可依据上述信息做出相应的反应，即决定所用的技术动作、抛球的落点等。所以，教练员在训练中要要求运动员注意对手抛球的真实动作，从而掌握抛球的某种规律。

（二）赛前心理素质训练

柔力球运动员赛前心理素质训练一般可与技术、战术和身体素质训练融合在一起进行，主要包括以下几种。

1. 集中注意力训练

运动员在柔力球运动比赛中要长时间保持精神高度集中，这种能力需要刻苦锻炼才能获得。教练员可根据运动员的年龄、个性、训练水平和在集中注意力上存在的问题，有针对性地提出要求。如在启蒙和基础训练阶段要求运动员用眼睛盯住来球，把全部注意力集中在球上。少年运动员易兴奋，在疲劳时精神易分散，此时教练员可安排竞赛和游戏内容使之兴奋，从而继续把注意力集中在球上，有时为了强化集中注意力的训练，尤其是在训练后期运动员体力下降时，教练员可安排一些速度快、精确度高的练习（如截击空中球对打，在质量和数量上提出特定要求）。教练员可融合技术、战术训练，有目的地对运动员提出要求，从而提高其集中注意力的能力。

2. 心理稳定性与意志品质的训练

教练员在使用多球计数进行技术训练时，可采用一种净好球数（命中指定区为有效，失误则扣除计数）和连续成功数（如规定连续成功 10 次，当不到第 10 次便出现失误则从零开始）的计数办法，同时提出质量要求（如力量太小，虽命中指定区，但不计数也不算失误等）；在三拍战术的组合练习中，三拍都命中为有效，第一拍或第二拍失误则从零开始，要求运动员完成若干组。上述练习对运动员的心理稳定性和意志品质都有很好的锻炼效果。

3. 念动训练与想象练习

让运动员通过看录像或连续动作照片，熟练柔力球技术动作要领。教练员可要求运动员回忆完成动作时的感觉、挥拍的节奏、抛球点的位置等，也可以结合徒手模仿动作的练习，这样有利于提高技术质量。

4. 模拟训练

在训练中模拟比赛条件，对手的技术、战术特点等，使训练内容与要求尽可能与比赛情况相吻合，让运动员提前进入“角色”去训练，这种训练在赛前安排20天左右为宜。

第七节 柔力球训练计划的制订

一、柔力球训练计划概述

柔力球训练是在教练员的总体规划和亲自指导下，为不断提高运动员的运动成绩而专门组织的柔力球项目的教育活动过程。教练员要想让运动员提高身体素质、心理素质等，使运动训练过程顺利进行，并能达到预定目标，就必须要制订周密的训练计划。

训练计划是教练员根据预定目标，对未来训练过程的模式化设计，是训练过程的一个重要环节。训练计划的制订应力求符合训练的基本原则，符合运动员由现实状态向目标状态转移的需要，并与训练的客观条件相结合。训练计划只是对未来训练过程的一种理论设计，因为人的竞技能力的不断变化，以及影响训练过程的多方面因素的作用，所以训练计划不可能与未来实践完全吻合。原有的训练计划在实践中的变更是不可避免的，教练员必须根据运动员的情况、训练条件的变化，对训练计划予以必要的、适时的变更。

二、制订柔力球训练计划的重要性

柔力球训练计划的制订与实施，贯穿于教练员和运动员全部的训练活动中，其重要作用主要表现在以下几个方面。

（1）使训练目标进一步具体化。教练员在制订训练计划时，可将训练目标分为若干个既独立又彼此联系的训练任务，并进一步具体化为若干个专项练习。

（2）训练计划可以为运动员提供一个科学、清晰的训练目标和实现这一目标的方法模式。

（3）教练员可以按照训练计划随时监控各个训练目标的实现情况。

（4）教练员通过制订训练计划来提高自己掌握和控制训练过程的能力。

三、训练计划的制订方法

训练计划是教练员对未来的训练过程预先做出的理论设计，是在对运动员现状诊断和科学预测的基础上，结合训练的主客观条件，为实现某一目标而制订的一套完整、科学的措施和规划，是训练过程的重要决策之一。

根据训练时间跨度，训练计划一般分为多年、年度、阶段、周和课训练计划等几种类型，它们之间相互作用、相互影响，各有特点。

在制订训练计划时，教练员要从运动员的起始状态分析入手。起始状态包括运动员已经取得的运动成绩和现在具备的训练水平，以及影响运动成绩的身体状态、技能、运动素质、心理素质、技术等。

尽管不同类型的训练计划在其内容上各有侧重，并各有要求，但基本结构都是一样的，它们都是由准备部分、指导部分、实施部分组成，但每个部分有不同的要点（如图 6–6）。

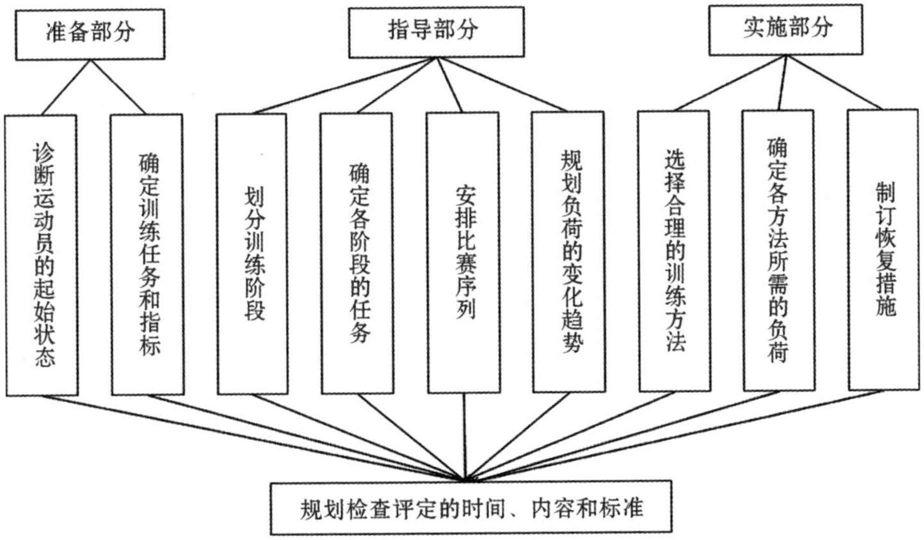

图 6–6　训练计划的基本结构

教练员在制订多年训练计划和年度训练计划时，应特别重视指导部分，而在制订具体的周、课计划时，还应认真考虑实施部分。

四、制订多年训练计划

多年训练计划是对运动员多年训练过程总体的、客观的规划，对年度、阶段等层次的训练计划具有指导意义。按时间跨度的大小，可将多年训练计划分为全过程多年训练计划和区间性多年训练计划两种。

（一）全过程多年训练计划

全过程多年训练计划是对运动员从开始基础训练，到达到个人运动竞技水平的高峰再到停止参加竞技训练的整个训练过程的设计与规划。

（二）区间性多年训练计划

区间性多年训练计划是对两年以上的特定训练过程的设计与规划。常见的是依据重大比赛的周期而做的训练计划，如为奥运会、世界杯、锦标赛、亚运会、全运会、省市运动会等赛事而做的训练计划。它是由基础训练阶段、专项提高阶段、最佳竞技阶段、素质保持阶段 4 个阶段组成。

（1）基础训练阶段的主要任务是提升运动员的一般竞技能力。3~5 年的基础训练通常可划分为两个阶段，即一般基础训练阶段和专项基础训练阶段。一般基础训练阶段的训练内容应该按有氧耐力—速度力量—最大力量—力量耐力的顺序安排。而专项基础训练阶段的训练内容相对集中，主要围绕着专项所需要的各种能力的基础组织训练。

（2）专项提高阶段和最佳竞技阶段的主要任务是提升运动员的体能和技能。在训练中教练员不仅要帮助运动员不断完善专项运动技术，还要提高他们的战术水平、运动素质、心理素质，加强理论学习。

（3）素质保持阶段的主要任务是保持和提高运动员的心理稳定性，教练员要安排相应的运动素质和技术训练，帮助运动员延缓竞技能力的消退速度。

五、制订年度训练计划

年度训练计划包括运动员该年度训练的任务、目标、进度及主要措施，是训练管理部门检查、总结训练情况的重要依据。

（一）年度训练计划的具体内容

（1）竞技状态高峰出现的时间。

（2）参加比赛的目的、次数以及具体时间。

（3）训练负荷主要构成因素的参数变化和不同因素之间的关系。

（4）主要训练手段的搭配和顺序安排。

（5）恢复措施。

（二）年度训练计划的类别

教练员按照比赛的次数、时间和出现竞技状态高峰的频次，可将年度训练计划分为单周期（单峰）、双周期（双峰）和多周期（多峰）3 种类型。

1. 单周期

全年仅出现一次竞技状态高峰，持续 2~3 个月。

2. 双周期

两次竞技状态高峰的持续时间总和为 3~4 个月，两次高峰之间有一个过渡时期。

3. 多周期

在多次竞争状态高峰之间有持续时间较短的过渡时期。

每个周期包括 3 个时期，各时期的具体任务如下。

（1）准备期：主要任务是让运动员初步形成竞技状态。

（2）竞赛期：主要任务是使运动员在比赛中创造优异成绩，因此该时期的训练应围绕专项比赛的要求进行安排。

（3）过渡期：又称调整期，主要任务是消除运动员在前几个阶段因体能大量消耗造成的疲劳。

六、制订阶段训练计划

阶段训练计划又称为中周期训练计划，持续时间通常为数周至数月，中周期由若干个小周期构成，它又是大周期的构成单位。

教练员在制订阶段训练计划时，要根据柔力球项目的特点和该阶段的主要任务，确定小周期之间的顺序。下面以持续六周的阶段训练计划为例，展示几种常见的负荷变化组合方式（如图 6-7）。

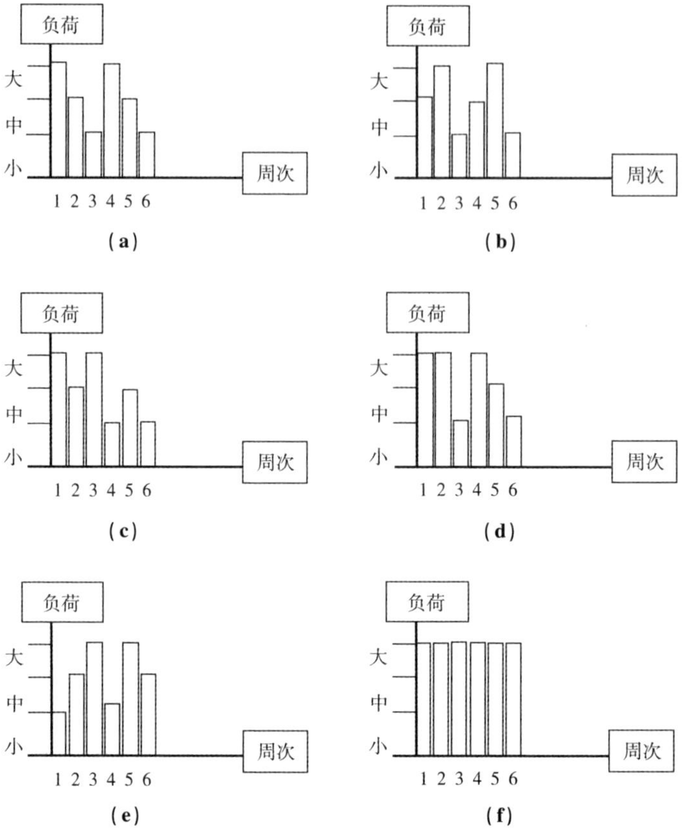

图 6-7　阶段训练计划周训练负荷的几种组合①

图中（a）（b）所示的训练计划实际是小阶段的重复，两个小阶段的负荷增减顺序和负荷总量相等；图中（c）（d）所示的训练计划中，前半段负荷大于后半段，这意味着有意给机体施加较大的刺激后再稍加调整，其中（d）所示训练计划的阶段负荷最大，适用于强化训练阶段；（e）所示训练计划总负荷虽然与（a）（b）（c）相等，但前后半段的节奏不同，其特点是由小负荷逐渐递增，常用于适应一段时间方可承受大负荷的运动员；（f）所示的训练计划中看上去负荷不变，实际上是靠负荷量与负

① 田麦久．负荷原则与训练过程［M］．青海省体育运动委员会，1986.

荷强度的对比关系和小周期内负荷的节奏来进行调整。阶段训练计划表如表 6–3 所示。

表 6–3 阶段训练计划表

队（组） 阶段训练计划 主教练

<table>
<tr><td colspan="2">阶段划分</td><td>第一小周期</td><td>第二小周期</td><td>第三小周期</td><td>第四小周期</td><td>备注</td></tr>
<tr><td colspan="2">时间划分</td><td></td><td></td><td></td><td></td><td></td></tr>
<tr><td colspan="2">主要任务</td><td></td><td></td><td></td><td></td><td></td></tr>
<tr><td colspan="2">基本内容及比重</td><td></td><td></td><td></td><td></td><td></td></tr>
<tr><td rowspan="3">负荷</td><td>负荷量</td><td></td><td></td><td></td><td></td><td></td></tr>
<tr><td>负荷强度</td><td></td><td></td><td></td><td></td><td></td></tr>
<tr><td>增大
或下降</td><td></td><td></td><td></td><td></td><td></td></tr>
<tr><td colspan="2">措施与要求</td><td></td><td></td><td></td><td></td><td></td></tr>
</table>

七、制订周训练计划

周训练计划是常用的、典型的小周期训练的具体实施计划。

（一）周训练计划的具体内容

（1）本周的主要任务。

（2）训练单元的次数和安排的时间、地点。

（3）每次训练课的内容、练习方法、手段及负荷量。

（4）恢复手段。

（二）周训练计划与类别

根据该周所处的不同训练阶段和面临的主要任务，通常将周计划分为基本训练周、赛前训练周、比赛周、恢复周 4 种类型。

1. 基本训练周

教练员的主要任务是通过安排特定的程序和让运动员反复练习，使其熟悉和掌握柔力球专项技术、战术，以及通过改变负荷引起新的生物适应现象，从而提高运动员的竞技能力。基本训练周又可分为加运动量周和加运动强度周。

2. 赛前训练周

教练员的主要任务是使运动员的机体适应比赛的要求和条件，把各种竞技能力集中到专项竞技上去。

3. 比赛周

教练员的主要任务是帮助运动员达到理想的竞技状态，力求使运动员在比赛中实现预期目标。

4. 恢复周

教练员的主要任务是消除运动员生理上和心理上的疲劳，促进超量恢复的出现，激发运动员强烈的训练动机，为投入新的训练做准备。

另外，随着运动员训练水平的不断提高，周训练计划的形式可以设计得更加丰富，具体可分为身体训练周、基本训练周、模拟训练周和战术配合周。

一份完整的周训练计划既要体现训练内容，又要表明负荷变化。同时，周训练计划的制订还与上周运动员的训练情况密切相关。周训练计划表如表 6-4 所示。

表 6-4　周训练计划表

日期　　第　阶段　第　周　教练员

星期	主要任务	训练内容	方法与手段	负荷强度	恢复手段	心率调整
一						
二						
三						
四						
五						

续表

星期	主要任务	训练内容	方法与手段	负荷强度	恢复手段	心率调整
六						
日						
小结						

八、制订课训练计划

训练课是训练活动最基本的组织形式，不论是周训练计划，还是多年训练计划，都必须通过一次次训练课来贯彻和实施，可将每次训练课称为一个训练单元，也可称为一个教案。运动员竞技能力的提高正是一次次训练课的效益积累的结果，因此，训练课的质量直接关系到训练进程和运动员运动水平的提高程度。

制订训练课的计划应包括 3 个部分。

1. 准备期

准备期包括一般准备部分和专项准备部分，前者主要是为了让运动员克服生理惰性和防止受伤，后者主要是为运动员完成训练课的基本部分创造心理和生理的条件。

教练员在准备期的任务是让运动员调整心理状态和加强生理机能，为完成基本部分的训练做准备，以获得理想的训练效果。

2. 基本部分

基本部分是训练课的主要内容，基本部分的结构和持续时间依柔力球项目的不同而异。在 1.5~3 小时的训练课中，基本部分的内容通常可有 1~3 个，训练内容应根据本次课的任务而定，但主次必须分明。教练员在教案中要明确带队练习的种类、手段、数量、密度、练习时间、间歇时间。

3. 整理恢复部分

整理恢复部分的主要任务是解除运动员在基本部分中形成的心理上、生理上的紧张状态。

根据主要任务和内容可以把训练课划分为 5 种类型。

1. 身体训练课

教练员会把身体训练课安排在训练的准备期，进行一般和专项身体训练。

2. 技术、战术训练课

教练员会把技术、战术训练课安排在训练准备期和比赛期，主要进行专项技术、战术训练，以及各种为专项技术、战术训练服务的辅助练习。

3. 测验、比赛课

教练员会把测验、比赛课安排在准备期的后半部分和赛前训练中。教练员在一个阶段的训练结束后，也会安排这种类型的课，以检查运动员的阶段训练成绩，为下一阶段的训练安排提供依据。

4. 综合训练课

综合训练课包括上述 3 种类型课中的两种及以上的内容，这种课在训练过程中进行得比较多，在训练课中不同的内容通常是交替进行的。

5. 调整训练课

教练员会把调整训练课安排在训练的过渡期，也可在一个阶段的大负荷训练结束后和激烈比赛后穿插安排，课的负荷较小，主要采用训练学、医学、生物学、心理学恢复手段，消除运动员因负荷产生的疲劳。

课训练计划表如表 6-5 所示。

表 6-5　课训练计划表

日期　　　　专项　　　　教练员

课的任务 重点、难点						
训练过程	训练手段	时间	负荷强度	技战术要求	组织形式	场地器材
准备期						
基本部分						
整理恢复部分						
小结						

【本章小结】

柔力球的训练理论与方法的主要内容包括训练原则、身体素质训练、技术训练、心理素质训练等。柔力球的基础身体素质训练指全面提高运动员的身体机能和基本素质的方法，而专项身体素质训练则指采用与柔力球特点一致的练习方法。技战术训练也是柔力球训练过程中十分重要的环节，其内容可分为辅助练习、带球练习、步法练习等。柔力球运动员通过心理素质训练，可以更好地挖掘心理潜力，掌握调节、控制心理的策略，形成良好的心理状态和竞技状态，以争取获得优异的比赛成绩。

【思考与练习】

1. 柔力球训练的基本原则有哪些？
2. 柔力球运动训练的基本内容包括哪些？
3. 柔力球训练计划如何制订？
4. 柔力球运动员的心理素质训练有哪些内容？

第七章

柔力球的竞赛规则

【本章导读】随着柔力球运动的迅速发展和柔力球比赛的增多，竞赛规则与裁判法也越来越重要。因此，进一步了解柔力球的竞赛规则与裁判法，不仅对普及推广群众性柔力球有着重要意义，还对推动柔力球技术水平的提高有着一定的促进作用。本章将重点介绍花式柔力球和网式柔力球的竞赛规则，让大家对柔力球的竞赛活动和竞赛规则有一个全面的了解。

【教学目标】1. 准确了解花式柔力球的评分标准。

2. 重点掌握网式柔力球的竞赛规则。

第一节　柔力球运动竞赛规则（花式柔力球）

一、通则

（一）裁判委员会及其职责

在正式比赛中，应在大会组委会的领导下，设立裁判委员会，与其他部门共同配合工作。

在大型柔力球比赛中，一般设裁判长 1 人、副裁判长 1~2 人、裁判员 5~7 人、编排记录长 1 人、检录长 1 人。

辅助裁判员：编排记录员 1~2 人、检录员 3~6 人、宣告员 1 人、放音员 1~2 人。

以上可根据比赛规模的大小适当增减人员。

1. 裁判长

（1）全面主持比赛裁判工作，调控比赛进程，检查落实赛前各项准备工作，保证竞赛规则和规程的执行。

（2）解释规则，但无权修改规则。

（3）接受大会组委会的委托，主持抽签或指派副裁判长主持抽签。

（4）与大会组委会保持联系，及时解决有关问题。

（5）根据赛事实际需要，研究制订比赛有关裁判工作的临时规定及措施，报大会组委会通过后执行。

（6）监督、检查裁判员整场评分情况，当评分出现偏差时，及时分析查找原因，并提出整改措施报大会组委会通过后执行。

（7）对教练员、运动员干扰比赛进程的不正当行为，有批评、教育、警告和建议取消比赛资格的权力。

（8）审核并宣布最终比赛成绩，做好裁判工作总结。

2. 副裁判长

（1）协助裁判长完成各项裁判工作。

（2）在裁判长缺席时，代行其职责。

3. 评分裁判员

（1）参加赛前裁判学习和会议，做好准备工作，服从裁判长的领导。

（2）严格执行规则，准确、快速、客观、公正、合乎道德地评判，并作详细记录。

4. 编排记录长和记录员

（1）协助裁判长做好赛前准备工作，备好出场顺序抽签表、比赛成绩记录表等比赛用的表格，备好裁判组评分用具。

（2）比赛中及时统计裁判评分，排出名次与等级。

（3）根据大会要求编排秩序册、成绩册。

（4）协助组委会组织颁奖仪式，准备奖杯、证书、奖品等。

（5）编排记录员根据记录长分配的任务进行工作。

5. 检录长和检录员

（1）组织安排检录工作，确保比赛按时、顺利进行。

（2）检查比赛服装、鞋及比赛器械。

（3）组织检录领奖队伍，确保颁奖有序进行。

（4）检录员根据检录长分配的任务进行工作。

6. 宣告员

（1）临场介绍裁判委员会人员。

（2）在裁判长示意下宣告出场队伍，宣读裁判员评分结果和最后得分。

（3）介绍与比赛相关的知识和组委会指定的宣传材料。

7. 放音员

按照参赛队的出场顺序，准确播放各队音乐。

（二）比赛项目

（1）规定套路（8~12 人）。

（2）自编套路：

集体自编套路（8~12 人）；

双人自编套路；

单人自编套路。

（3）以上设项均不限性别。

（三）自编套路时间

（1）集体自编：3 分 45 秒至 4 分 15 秒。

（2）双人自编：2 分 45 秒至 3 分 15 秒。

（3）单人自编：2 分至 2 分 30 秒。

（4）自编套路时间：从运动员（全体）抛球入拍开始计时，到运动员（第一个）用手接住球拍抛出的球停止。

（四）音乐伴奏

（1）整套动作必须在音乐伴奏下完成。

（2）大会竞赛部门应对伴奏音乐提前审核。

（3）规定套路音乐由大会竞赛部门准备，自编套路音乐由参赛队自行准备。

（五）比赛场地与设备

（1）比赛场地为 28 米×15 米的长方形，四周的白色标志带边线，属于场地的一部分。

（2）比赛场地应平坦、不涩不滑。

（3）有专业的音响设备。

（六）球

（1）球应为圆球体，直径为 6. 8 厘米±0. 1 厘米。

（2）球的总重量为 55 克±2 克，球体内沙砾不得超过 30 克。

（3）球面由软质有弹性的材料制成，可以为光面或凹凸花纹面（凸起高度不得超过 0.03 厘米)。

(4) 在一次比赛中所使用的球必须为同一品牌同一型号。

(5) 正式比赛中用球不允许有任何附加物。

(七) 球拍

(1) 球拍由拍柄、拍颈、拍框、拍面组成(如图 7-1)。

(2) 球拍长(包括拍框、拍颈和拍柄)47~54 厘米，宽不超过 23 厘米。

(3) 拍框围绕整个拍面成圆形，拍框内缘为外翻 30~45 度对称的斜面，拍框厚度不超过 1 厘米。

(4) 拍面平整，由软质有弹性的材料制成，厚度不超过 0.1 厘米。

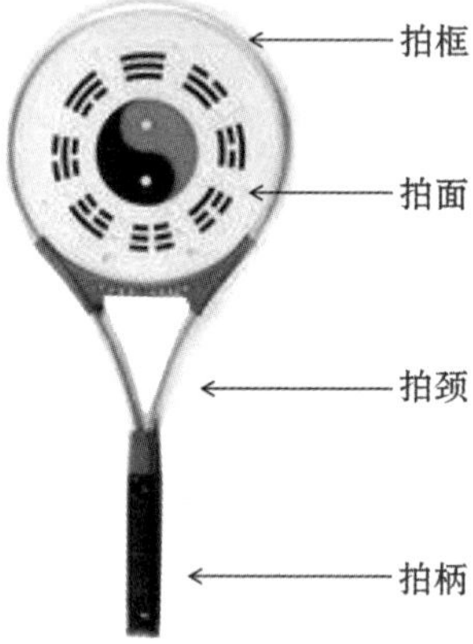

图 7-1 柔力球拍外观

(5) 按照拍面垂度，球拍可分为 A、B、C 3 个级别，在正式比赛中可根据不同情况指定使用(如表 7-1)。

表 7-1 拍面垂度的 3 个级别

球拍级别	放球垂度①	空置垂度②
A	3.1~3.5 厘米	≤2 厘米
B	2.6~3.0 厘米	≤2 厘米
C	≤2.5 厘米	≤2 厘米

注：①球拍水平放置，拍面中心放置一个标准用球，其最低点与框槽平面的距离。
②球拍水平放置，拍面中心(最底点)与框槽平面的距离。

(6) 球拍上不允许附加任何可能从本质上改变球拍性能或形状的装置。

(7) 比赛开始和在比赛过程中，运动员如需要更换球拍，必须向裁判员示意，并允许检查。

（八）出场顺序

（1）可由组委会安排大会竞赛部门抽签确定。

（2）可在赛前联席会上抽签确定。

（九）检录

运动员须在赛前 30 分钟到达比赛检录处，参加第一次检录；检录 3 次未到，取消其该项比赛资格。

（十）上场与退场

（1）运动员在规定场地外指定区域等候上场比赛，得到上场指令后可进入规定场地内任何区域准备开始比赛。

（2）在规定场地内，运动员（指定 1 人）举拍示意准备完毕，音响师播放音乐。

（3）退场必须包括向裁判席及观众行礼致意环节。

（十一）特殊情况处理

遇到以下情况，正在比赛的运动员（队）应立即停止比赛并向裁判长报告，在问题解决后重做。在成套动作结束后，运动员（队）提出的要求将不被接受。

（1）音乐播放错误。

（2）由于设备问题而出现的干扰。

（3）其他不可抗力。

（十二）弃权

运动员无故不参加比赛，按弃权论处，之前已经取得的各项成绩全部无效，也不允许其参加之后的比赛。

（十三）申诉

在比赛过程中，裁判员所作的裁决，为最后的判决，运动员在场上必须服从裁判员的裁决。如果对比赛评判有异议，该队领队或教练员可在比赛结束后规定时间内向仲裁委员会递交书面申述材料，同时交纳申诉费。

二、评分办法与标准

（一）评分办法

（1）比赛采取裁判员分别打分，裁判长公开出示最后得分的方法。成套动作满分为 10 分[①]，裁判员的评分精确到 0.05 分，最后得分精确到 0.001 分。

（2）裁判员的评分去掉 1 个最高分和 1 个最低分，算出中间分数的平均分，再减去裁判长的判罚减分，即最后得分。

（3）最后得分如出现相等的情况，按以下规定解决：

两个无效分的平均值接近有效分的平均值者列前；

如成绩仍然相等，两个无效分的平均值高者列前；

如成绩仍然相等，在两个无效分数中，低无效分数高者列前；

如仍相等，名次并列。

（二）规定套路评分（10 分制）

评分因素与分值：动作的完成（8 分）；艺术表现和团队一致性（2 分）。详细内容如表 7-2 所示。

1. 动作的完成

（1）动作的正确性。

如出现拐点、停顿，或附加、漏做动作：

①1 人出现上述错误扣 0.1 分；

②全队 1/3 人出现上述错误扣 0.2 分；

③全队 2/3 人出现上述错误扣 0.3 分；

④全队出现上述错误扣 0.5 分。

（2）动作的熟练性。

①每掉 1 次球扣 0.05 分。

②每掉 1 次拍扣 0.1 分。

---

① 不同难度的规定套路设为同类别竞赛项目时，其评分系数由竞赛规程或裁判委员会确定。

③每摔倒在地 1 次扣 0. 2 分。

（3）动作与音乐节奏相谐。

① 1 人出现若干动作与音乐节奏不吻合扣 0. 1~0. 2 分。

②全队 1/3 人出现若干动作与音乐节奏不吻合扣 0. 3~0. 4 分。

③全队 2/3 人出现若干动作与音乐节奏不吻合扣 0. 5~0. 7 分。

④全队出现若干动作与音乐节奏不吻合扣 0. 8~1. 0 分。

（4）延误捡球。

球掉地后须立即捡起继续比赛，否则每超过 10 秒，扣 0. 05 分。

2. 艺术表现和团队一致性

表 7-2　规定套路评分表

<table>
<tr><th rowspan="2">评分因素与分值</th><th rowspan="2">扣分内容</th><th colspan="3">扣分要点</th></tr>
<tr><th>一般</th><th>较差</th><th>不可接受</th></tr>
<tr><td rowspan="4">动作的完成（8 分）</td><td>动作的正确性</td><td colspan="3">如出现拐点、停顿，或附加、漏做动作：
1 人出现上述错误扣 0. 1 分；全队 1/3 人出现上述错误扣 0. 2 分；全队 2/3 人出现上述错误扣 0. 3 分；全队出现上述错误扣 0. 5 分</td></tr>
<tr><td>动作的熟练性</td><td colspan="3">每掉 1 次球扣 0. 05 分；每掉 1 次拍扣 0. 1 分；每摔倒在地 1 次扣 0. 2 分</td></tr>
<tr><td>动作与音乐节奏相谐</td><td colspan="3">1 人不吻合扣 0. 1~0. 2 分；全队 1/3 人不吻合扣 0. 3~0. 4 分；全队 2/3 人不吻合扣 0. 5~0. 7 分；全队不吻合扣 0. 8~1. 0 分</td></tr>
<tr><td>延误捡球</td><td colspan="3">延误捡球按节奏每超过 10 秒扣 0. 05 分</td></tr>
<tr><td>艺术表现和团队一致性（2 分）</td><td></td><td>扣 0. 1~0. 2 分</td><td>扣 0. 3~0. 4 分</td><td>0. 5 分或更多</td></tr>
</table>

（三）自编套路评分（10 分制）

评分因素与分值：动作的设计（5 分）；动作的完成（3 分）；动作的艺术性、表现力（2 分）。详细内容如表 7-3 所示。

1. 动作的设计

（1）入球、收球和空拍：比赛开始，运动员要在音乐响起 20 秒(含)内抛球入拍,否则扣 0.05 分；在全套动作设计中，开始无抛球，扣 0.05 分，结束无收球，扣 0.05 分；除抛接球外，全套动作设计不允许持空拍进行，否则扣 0.5 分。

（2）动作类别：全套动作必须包括摆绕类、捻翻类、摆抛类、绕抛类动作，每缺一类动作扣 0.05 分。

（3）难度动作：A 组每个动作 0.1 分，至少完成 4 个；B 组每个动作 0.2 分，至少完成 7 个；C 组每个动作 0.3 分，至少完成 4 个；（4A＝0.4 分，7B＝1.4 分，4C＝1.2 分）难度动作共 3 分。详细内容如表 7-4 所示。

（4）抛接球：自编套路必须包含摆抛和绕抛，集体自编和双人自编必须有互抛动作，否则每缺一项扣 0.05 分。

（5）组织编排：集体自编套路必须设计至少 5 次不同的队形变化，每少 1 次扣 0.1 分；队形变化杂乱、图形不清晰，每出现一次扣 0.05 分。

（6）参赛队如有创新难度动作，须在报名时以书面形式配以技术图解和本人演练的视频申报。是否为创新难度动作由大会裁判委员会在正式比赛前集体鉴定，其分值由大会裁判委员会商讨决定。

（7）双拍单（双）球的难度同单拍单球。

2. 动作的完成

（1）动作的准确性。

（2）动作与音乐节奏相谐。

（3）动作的熟练性：

①每掉 1 次球扣 0.05 分；

②每掉 1 次拍扣 0.1 分；

③每摔倒在地 1 次扣 0.2 分。

（4）动作的规范性：除抛接球外，要求全套动作在变化的弧形曲线上连续不断地运行，不得有停顿、折返、托球或直线运动，否则每出现一次扣

0.1 分。

（5）延误捡球：球掉地后须立即捡起继续比赛，否则每超过 10 秒，扣 0.05 分。

3. 动作的艺术性、表现力

表 7-3 自编套路评分表（以右手持拍为例）

<table>
<tr><td rowspan="2">评分因素与分值</td><td rowspan="2">扣分内容</td><td colspan="3">扣分（加分）要点提示</td></tr>
<tr><td>一般</td><td>较差</td><td>不可接受</td></tr>
<tr><td rowspan="6">动作的设计（5 分）</td><td>入球、收球和空拍</td><td colspan="3">无抛球扣 0.05 分；无收球扣 0.05 分；空拍扣 0.5 分</td></tr>
<tr><td>动作类别</td><td colspan="3">摆绕类、捻翻类、摆抛类、绕抛类动作，每缺一类扣 0.05 分</td></tr>
<tr><td>难度动作</td><td colspan="3">A、B、C 组动作分别至少完成 4 个、7 个、4 个，每缺一个分别扣 0.1 分、0.2 分、0.3 分</td></tr>
<tr><td>抛接球</td><td colspan="3">无摆抛和绕抛，分别扣 0.05 分；集体或双人无互抛，扣 0.05 分</td></tr>
<tr><td>组织编排</td><td colspan="3">集体自编套路至少有 5 次队形变化，少 1 次扣 0.1 分；队形变化杂乱不清晰，每出现一次扣 0.05 分</td></tr>
<tr><td>创新难度动作（加分）</td><td colspan="3">酌情加分</td></tr>
<tr><td rowspan="5">动作的完成（3 分）</td><td>动作的正确性</td><td>扣 0.1~0.3 分</td><td>扣 0.4~0.6 分</td><td>0.7 分或更多</td></tr>
<tr><td>动作与音乐节奏相谐</td><td>扣 0.1~0.2 分</td><td>扣 0.3~0.4 分</td><td>0.5 分或更多</td></tr>
<tr><td>动作的熟练性</td><td colspan="3">每掉 1 次球扣 0.05 分；每掉 1 次拍扣 0.1 分；每摔倒在地 1 次扣 0.2 分</td></tr>
<tr><td>动作的规范性</td><td colspan="3">除抛接球外，每出现 1 次停顿、折返、托球或直线运动扣 0.1 分</td></tr>
<tr><td>延误捡球</td><td colspan="3">延误捡球按节奏每超过 10 秒，扣 0.05 分</td></tr>
<tr><td>动作的艺术性、表现力（2 分）</td><td></td><td>扣 0.1~0.2 分</td><td>扣 0.3~0.4 分</td><td>0.5 分或更多</td></tr>
</table>

表 7-4 套路难度技术动作表（以右手持拍为例）

组别	动作名称	动作要点
A 组每个动作 0.1 分，至少完成 4 个动作	1. 风火轮	身体中正；抡双臂；画立圆；拧腰
	2. 螺旋盘绕	身体中正；画圆的轨迹衔接顺畅；所绕的环呈螺旋状
	3. 腾空平、侧、立的旋转（360 度及以上，720 度以下）	身体平衡；旋转度数大于或等于 360 度；双臂展开
	4. 背后绕翻	弧与圆的衔接顺畅；绕翻流畅；绕翻时球与拍始终粘连
	5. 立摆接转	抛接球时，球从切线出、入；侧立拍抛接球；转体角度准确
	6. 立绕转接	抛接球时，球从切线出、入；接球时球的运动轨迹继续沿原运动轨迹形成圆；转体角度准确
	7. 背后摆抛	抛接球时，球从切线出、入；将球由身体右侧经背后、左肩抛至左前上方
B 组每个动作 0.2 分，至少完成 7 个动作	1. 缠头	垂立拍；所绕的环围绕头部
	2. 后举腿螺旋盘绕	支撑腿绷直，后举腿的脚高于头部；重心稳定
	3. 垂立拍绕环绕（点）翻	垂立拍；绕翻时圆与圆的衔接顺畅；绕（点）翻时，球与拍始终粘连
	4. 燕式平衡背后绕翻	两腿之间的夹角大于 90 度；上体下压，与地面平行；后举腿的脚高于头部；绕翻时，球与拍始终粘连
	5. 后举腿 360 度及以上的旋转	两腿之间的夹角大于或等于 90 度；旋转流畅，一次性完成；旋转度数大于或等于 360 度
	6. 立转定位绕翻	旋转平面固定；大圆与小圆衔接顺畅；绕翻时，球与拍始终粘连
	7. 背后点翻	弧与圆的衔接顺畅；点翻时流畅；点翻时，球与拍始终粘连

续表

组别	动作名称	动作要点
B 组每个动作 0.2 分，至少完成 7 个动作	8. 腿下点翻	支撑腿和前踢腿绷直；两腿之间的夹角大于 90 度；点翻在腿下完成；点翻时，球与拍始终粘连
	9. 高抛插接球接盘绕	抛接球时，球从切线出、入；垂立拍接球；每个动作之间的衔接顺畅
	10. 背抛背接	抛接球时，球从切线出、入；立拍抛球
	11. 腋下摆抛	抛接球时，球从切线出、入；将球由左腋下经背后、右肩抛至右前上方
	12. 背后绕抛	抛接球时，球从切线出、入；接球时球的运动轨迹继续沿原运动轨迹形成圆；将球由身体右侧经背后、左肩抛至右前上方
C 组每个动作 0.3 分，至少完成 4 个动作	1. 缠头点翻	垂立拍；点翻必须在体前矢状面上完成；点翻流畅；点翻时，球与拍始终粘连
	2. 后举腿垂立拍绕环绕翻	两腿之间的夹角大于 90 度；后举腿的脚高于头部；绕翻时，球与拍始终粘连
	3. 垂立拍腾空水平旋转绕（点）翻（360 度）	落地前完成绕（点）翻；重心稳定；绕（点）翻时，球与拍始终粘连
	4. 垂立拍绕环绕（点）翻接燕式平衡背后绕翻	每个动作之间的衔接顺畅；绕翻时，球与拍始终粘连
	5. 单腿支撑 720 度及以上的旋转	旋转流畅，一次性完成；旋转度数大于或等于 720 度；重心稳定
	6. 立转定位点翻	点翻时拍头向前；旋转平面固定；点翻时，球与拍始终粘连
	7. 垂立拍八字绕环点翻	点翻位置左右对称；点翻时，球与拍始终粘连

续表

组别	动作名称	动作要点
C 组每个动作 0.3 分，至少完成 4 个动作	8. 腿下点翻接燕式平衡背后绕翻	每个动作之间的衔接顺畅；绕翻时，球与拍始终粘连
	9. 前抛背接	抛接球时，球从切线出、入；立拍抛球
	10. 腋下绕抛	抛接球时，球从切线出、入；接球时球的运动轨迹继续沿原运动轨迹形成圆；将球由左腋下经体后、右肩抛至右前上方

（四）裁判长扣分表

裁判长扣分表如表 7-5。

表 7-5 裁判长扣分表

序号	扣分内容	扣分
1	成套时间不足或超时	扣 0.1 分
2	参赛人数不符合规定	扣 0.1 分
3	集体或双人项目服装不统一或风格不一致	扣 0.1 分
4	教练员场外提示或运动员在套路比赛过程中喊口令	扣 0.1 分
5	运动员、教练员无故拖延或中断比赛，违反体育道德	取消资格

第二节 柔力球运动竞赛规则（网式柔力球）

一、场地和设备

（1）场地应是一个长方形（如图 7-2），用宽 4 厘米的线画出。

（2）场地线的颜色应是白色、黄色或其他容易辨别的颜色。

（3）在网下连接两条边线中点的连线为中线。除中线外，场区所有的线都是它所界定区域的组成部分。

（4）两边场区距中线 296 厘米处各有一条与中线平行的线为限制线，限制线到中线之间的区域为限制区。

（5）限制线在比赛时可以无限延长，称为进攻限制线。进攻限制线属于前场限制区域。

（6）两边场地限制线后 296 厘米到端线之间的区域为发球区。单打场地宽 518 厘米，双打场地宽 610 厘米。单打场地限制线后到端线之间的区域为单打发球区，双打场地限制线后到端线之间的区域为双打发球区。进攻限制线中点和端线中点的连线，将进攻限制线以后区域分为左发球区和右发球区。

（7）场地四周至少有 2 米的无障碍区，比赛场地上空的无障碍空间从地面量起至少高 7 米，其间不得有任何障碍物。

（8）球网应由深色优质的细绳编织而成，网孔为均匀分布的方形，边长不超过 4 厘米。

（9）从场地地面量起，球网高 1. 75 米。球网上下宽 76~80 厘米，全长至少 6. 10 米。

（10）不论是单打比赛还是双打比赛，网柱都应放置在双打边线上。网柱及其支撑物不得伸入场地内。

（11）球网两端与网柱之间不应有空隙。必要时，应把球网两端与网柱系紧。

（12）主裁判椅从地面到坐面应在 1.5 米左右，距离网柱 30~50 厘米。可用结实木料和金属制作而成，要求安全可靠。

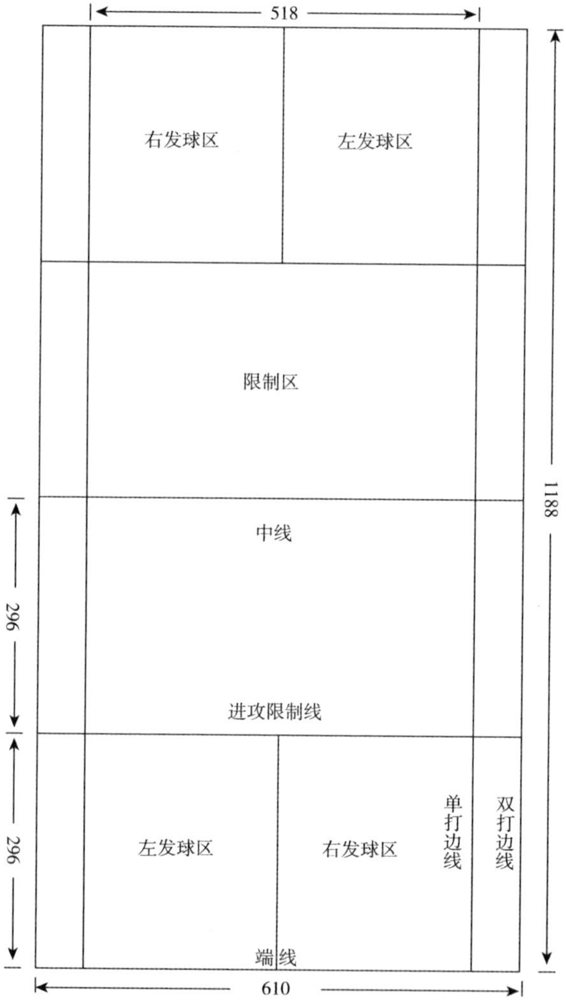

图 7-2　网式柔力球场地（单位：厘米）

二、球

（1）球应为圆球体，直径为 6.8 厘米±0.1 厘米。

（2）球的总重量为 55 克±2 克，球体内沙砾不得超过 30 克。

（3）球由软质有弹性的材料制成，可以为光面或凹凸花纹面（凸起点的高度不得超过 0.03 厘米）。

（4）在一次比赛中所使用的球必须为同一品牌同一型号。

三、球拍

（1）球拍由拍柄、拍颈、拍框、拍面组成。

（2）球拍长（包括拍框、拍颈和拍柄）为 47～54 厘米，宽不超过 23 厘米。

（3）拍框围绕整个拍面成圆形，拍框内缘为外翻 30～45 度对称的斜面，拍框厚度不超过 1 厘米。

（4）拍面平整，由柔质有弹性的橡胶或橡塑材料制成，厚度不超过 0.1 厘米。

（5）球拍上不允许附加任何可能从本质上改变球拍性能或形状的装置。

（6）比赛开始和在比赛过程中，运动员如需要更换球拍，必须向裁判员示意，并允许检查。

四、竞赛规则

（一）挑边

（1）在比赛开始前应由主裁判主持挑边。赢方将在①或②中做出选择。

①选择先发球或先接发球。

②选择在指定场地的一个场区或另一个场区开始比赛。

（2）输的一方，只能选择余下的一项。

（二）比赛结果的判定

（1）除非另有规定，一场比赛以三局两胜定胜负，先胜两局的一方为胜一场。

（2）除规则（4）和（5）的情况外，先得15分的一方胜一局。

（3）对方“违例”或球触及对方场区内的地面成死球，则该方胜这一回合并得一分。

（4）14平后，领先得2分的一方胜该局。

（5）19平后，先得到20分的一方胜该局。

（6）弃权与阵容不完整。

①一方弃权或拒绝继续比赛，裁判则判对方以15：0的每局比分和2：0的一场比分取胜。

②一方无正当理由，在比赛开始后15分钟内未到达比赛场地，裁判则宣布该队弃权，处理同①。

③在团体赛中，某队阵容不完整，则不能参加比赛，处理同①。

（7）可根据比赛的实际情况采用11分五局三胜制。

①除②和③的情况外，先得11分的一方胜一局。

②10平后，领先得2分的一方胜该局。

③14平后，先得到15分的一方胜该局。

（三）交换场区

（1）在以下情况下，运动员应交换场区。

①第一局结束。

②第二局结束（局分为1：1时）。

③在第三局比赛中，一方先得7分时。

④11分五局三胜制时，在每局结束后都交换场区，如果有第五局，在一方先得5分时交换场区。

（2）如果运动员未按规则（1）的规定交换场区，一经发现，在死球时立即交换，已得比分有效。

(四) 发球

1. 合法发球

(1) 在开局或主裁判报完得分后，双方队员迅速做好发球和接发球准备，主裁判鸣哨（或发出口令）并做允许发球手势，运动员开始发球。

(2) 发球员必须在发球区内完成发球。从发球开始至发球结束前，发球员至少有一只脚与场地的地面接触，不得移动。

(3) 发球员用手将球向后上方抛起，并使球离开抛球手后运行不少于10 厘米。迎球入拍后，必须采用正（反）手高球技术将球抛向对方比赛场区（擦网为合法发球）。

(4) 在双打比赛中，发球方除发球员外，另一人可选择场内不影响发球员视线的任意位置。

2. 发球违例

(1) 发球员未站在发球区内发球。

(2) 发球员发球时未将球明显地抛离手掌 10 厘米。

(3) 发球时，发球员双脚移位或双脚腾空跳起。

(4) 发球时，球已抛出，球拍已挥动，但未触及抛出的球。

(5) 出现接抛球违例（参见第 212 页）中的情况。

3. 发球顺序

(1) 第一局由规则“（一）挑边”决定取得发球权一方首先发球，以后每局由胜方运动员先发球。

(2) 在单打比赛中，一方每发满 2 个球就交换发球权，打满 14：14（11 分制打满 10：10）以后开始轮流发球。

(3) 在双打比赛中，双方应确定第一发球员，其固定在右发球区发球，他的同伴固定在左发球区发球。每局比赛的发球权必须如下传递：

①发球方第一发球员首先发球；

②其次接发球方的第一发球员发球；

③再次是发球方第一发球员的同伴发球；

④接着是接发球方第一发球员的同伴发球；

⑤再接着是发球方第一发球员发球，如此传递。

4. 发球区错误

（1）以下情况为发球区错误：

①发球次数错误；

②发球顺序错误；

③在错误的发球区发球。

（2）裁判如果发现发球区错误，应及时予以纠正，已得比分有效。

（五）接抛球

1. 合法接抛球

（1）运动员以弧形引化技术将球经球网上方抛向对方有效场区内的球为合法接抛球。

（2）在单打的一个回合中，双方队员各只有一次合法的接抛球动作使球过网。

（3）在双打的一个回合中，一方可采用一次或两次合法的接抛球动作使球过网，但场上每个运动员只限接抛球一次。

2. 接抛球违例

在接抛球（含发球）过程中，球与球拍间出现拍球撞击、引化中断、连击球等现象视为接抛球违例。

（1）拍球撞击：拍面触及球的瞬间发生碰撞，无法完成完整的“弧形引化”。

（2）弧形引化中断：在“弧形引化”过程中，出现停顿、持球或突然折转的情况。

（3）连击球：球在球拍上发生一次以上的触及。

（六）重发球

（1）由裁判员宣报“暂停”，用以中断比赛，重新发球。

（2）以下情况为“重发球”：

①发球队员抛球离手后，未做任何的挥拍动作，持拍手和拍也都未触球；

②发球队员在主裁判未“鸣哨”或未发出口令和手势而将球发出；

③发球时，发球方和接发球方队员同时违例；

④裁判员认为比赛被干扰或教练员干扰了运动员的比赛；

⑤司线员未能看清，裁判员也不能做出裁决时；

⑥意外情况发生时。

（七）违例

以下情况均属违例：

（1）出现发球违例和接抛球违例的情况；

（2）球从网下、网柱外，以及网孔穿过；

（3）比赛时球拍过网；

（4）在任意一个回合进行中，球触及球场固定物、球触碰场内或场外运动员（在比赛进行中擦网落入对方场区的球为合法球）；

（5）运动员发球或接抛球时球拍触及地面；

（6）运动员的球拍、身体和衣物触及球网及网柱；

（7）运动员脚踩中线；

（8）双打时，同方队员进行接抛球时球拍相碰；

（9）从入球到出球，球运行的弧线轨迹超过一圈半（540 度）；

（10）运动员严重违犯或屡犯规则（九）的规定；

（11）前场进攻违例情况：

①在限制区内，运动员可使用所有技术动作，但球出球拍后须沿自下而上的抛物线飞向对方场区，否则判前场进攻违例；

②打高点进攻球时，可在场地任何位置开始，但进攻动作完成后，运动员身体的任何部位都不得触及限制区（含限制线），否则判前场进攻违例。

（八）死球

（1）球撞网后，向抛球者这方的地面落下。

（2）球触及地面。

（3）裁判员宣报了“违例”或“重发球”。

（九）比赛连续性、行为不端及处罚

（1）除规则（2）（3）允许的情况下，比赛自第一次发球开始至该场比赛结束应该是连续的。

（2）在所有比赛中，每局之间允许有不超过 2 分钟的间歇。

（3）比赛的暂停。

①遇到不是运动员所能控制的情况，裁判员可根据需要暂停比赛。

②遇特殊情况，裁判长可以要求裁判员暂停比赛。

③如果比赛暂停，已得比分有效，继续比赛时由该比分算起。

（4）延误比赛。

①不允许运动员为恢复体力、喘息或接受指导而延误比赛。

②裁判员是“延误比赛”的唯一裁决者。

（5）指导和离开场地。

①在一场比赛中，只有局间休息时，允许运动员接受指导。

②在一场比赛中，运动员未经裁判员允许不得离开场地［规则（2）规定的间隙除外］。

（6）运动员不得有以下行为。

①故意延误或中断比赛。

②在发球方发球时，接发球方故意挥拍、呼叫或大幅度移动干扰发球。

③在双打比赛中，一方出现单打局面，并改变比赛性质，其中一人连续 3 次以上故意不接对方攻向他的球，或完成发球后在场内旁观或离场，消极对待比赛。

④举止无礼。

⑤其他不端行为。

（7）教练员不得有以下行为。

①在比赛过程中，教练员未退出比赛规定的场地范围。

②在比赛过程中，教练员以任何方式进行现场指导或大声喊叫干扰比赛。

（8）对违犯者的处罚。

①对违反规则（4）（5）（6）的运动员，裁判员应执行：第一次，口头警告；第二次，黄牌警告并罚失 1 分；第三次，出示红、黄牌，判罚失 1 局。

②对于屡教不改者，红牌罚下，并取消本轮比赛资格，报裁判长备案。

③运动员在检录时，3 次点名不到或预定比赛时间开始后 15 分钟不到，按弃权处理。

④运动员无正当理由弃权一个项目，判失败并取消其所有项目的比赛资格。

⑤比赛结束后，运动员拒绝在记录表上签字确认比赛结果，判每局 0∶15 的比分和每场 0∶2 的比分失败。

⑥对违反规则（7）的教练员，裁判员应执行：黄牌警告；判其本方运动员失分；命其离开现场进入观众席。

五、比赛项目

（1）可以根据赛事需要设置男子单打、女子单打、男子双打、女子双打、男女混合双打、男子团体赛、女子团体赛和混合团体赛。

（2）团体赛教练员必须在赛前 30 分钟提交本队出场顺序，大会应为其保密。

六、裁判职责和申诉受理

（1）裁判长对比赛全面负责。

（2）临场裁判员主持一场比赛，并管理该比赛场地及其紧邻的区域。裁判员对裁判长负责。

（3）司线员负责确定球在其分管区域端线边线的落点是“界内”还是“界外”。

（4）临场裁判员对其分管职责内事实的宣判是最后的裁决。当裁判员确认司线员有明显错判时，应予以纠正。

（5）裁判员应：

①维护和执行柔力球比赛规则，及时宣判“违例”或“重发球”；

②对在下一次发球前提出的申诉做出裁决；

③确保运动员和观众能随时了解比赛进展情况；

④与裁判长磋商后指派或撤换司线员；

⑤在临场裁判员不足时，对无人执行的职责做出安排；

⑥记录并向裁判长报告与规则（九）有关的所有情况；

⑦仅将与规则有关的申诉提交裁判长（此类申诉必须在下次发球前提出，如果该场比赛结束，则应在被申诉方离开场地前提出）；

⑧裁判长就申诉问题要求有关教练员在比赛结束后的规定时间内向仲裁委员会递交书面申述材料，同时交纳申诉费。

附录

附录一　对“弧形引化”的解释

“弧形引化”是网式柔力球的核心技术。一个完整的“弧形引化”动作是由迎球、引球、抛球3个部分组成的。

迎球：当球飞来时，运动员伸拍对着来球，与来球做相向运动。

引球：运动员顺着来球方向挥拍，当球拍的速度与球的速度接近时，将球顺势切入球拍并引入抛球圆弧。

抛球：球被引入抛球圆弧，当球拍减速到一定程度时，即球拍的线速度小于球运动的线速度，球会因惯性顺着所划圆弧切线方向飞出。

在“弧形引化”过程中，球的运动轨迹是一条连贯、圆滑、没有拐点的弧线。

附录二 裁判员手势

说明：在图的上方分别有字母 F、S、L，其中 F 代表主裁判，S 代表副裁判，L 代表司线员。在图的下方为该手势代表的内容。

F

双方准备

F

允许发球

FS

发球违例

F
S

界内球

F
S

界外球

F

得分

F
S

换发球

F
S

连击违例

F

撞击违例

F

引化中断

F
S

违例

F

双方违例、争球

F
S

限制区进攻违例

F
S

限制区进攻违例

F
S

过网违例

F
S

触网违例

F
S

球从网区外进入

F
S

脚踩中线

F
S

球触身体

F
S

球拍互撞

F

技术犯规

F

因故暂停

F
S

发球次序错误

FS

比赛结束

F

黄牌警告

F

红黄牌警告

F

红牌罚出场

F
S

触体、触拍出界

F
S

交换场区

L

界内球

L

界外球

L

触体、触拍出界

L

球从网区外进入

L

无法判断

F

球拍触地

附录三　花式柔力球比赛用表

创新动作评审表

<table>
<tr><td>代表队</td><td></td><td>教练员</td><td></td></tr>
<tr><td>联系电话</td><td></td><td>运动员</td><td></td></tr>
<tr><td colspan="4">名称及要点：</td></tr>
<tr><td colspan="4">创新点说明：</td></tr>
<tr><td colspan="4">影像资料：
已报送：　　　　未报送：</td></tr>
<tr><td colspan="3" rowspan="4">评审结果：

动作名称：
难度等级：
难度分值：</td><td>总票数：　　票</td></tr>
<tr><td>同　意：　　票</td></tr>
<tr><td>反　对：　　票</td></tr>
<tr><td>弃　权：　　票</td></tr>
<tr><td colspan="3">评审小组意见

签名：</td><td>负责人签名：</td></tr>
</table>

领队、教练员签字：

单位：（盖章）

日期：　年　月　日

出场顺序表

项目________ 组别________ 日期________

序号	代表队（运动员）	备注
1		
2		
3		
4		
……		

裁判组评分记录表

项目________ 组别________ 日期________

序号	代表队（运动员）	1	2	3	4	5	6	7	平均分	其他扣分	最后得分
1											
2											
3											
4											
……											

裁判长：________ 记录长：________

裁判员评分表（规定套路）

项目＿＿＿＿＿＿代表队（运动员）＿＿＿＿＿＿评分＿＿＿＿＿＿

<table>
<tr><th rowspan="2">评分因素
与分值</th><th rowspan="2">扣分
内容</th><th colspan="3">扣分要点</th><th rowspan="2">扣分</th></tr>
<tr><th>一般</th><th>较差</th><th>不可接受</th></tr>
<tr><td rowspan="4">动作的
完成
（8 分）</td><td>动作的
正确性</td><td colspan="3">如出现拐点、停顿或附加、漏做动作：
1 人出现错误扣 0.1 分；全队 1/3 人出现错误扣 0.2 分；全队 2/3 人出现错误扣 0.3 分；全队出现错误扣 0.5 分</td><td></td></tr>
<tr><td>动作的
熟练性</td><td colspan="3">每掉 1 次球扣 0.05 分；每掉 1 次拍扣 0.1 分；每摔倒在地 1 次扣 0.2 分</td><td></td></tr>
<tr><td>动作与音
乐节奏
相谐</td><td colspan="3">1 人不吻合扣 0.1~0.2 分；全队 1/3 人不吻合扣 0.3~0.4 分；全队 2/3 人不吻合扣 0.5~0.7 分；全队不吻合扣 0.8~1.0 分</td><td></td></tr>
<tr><td>延误捡球</td><td colspan="3">延误捡球按节奏每超过 10 秒，扣 0.05 分</td><td></td></tr>
<tr><td>艺术表现
团队一致性
（2 分）</td><td></td><td>扣 0.1~0.2 分</td><td>扣 0.3~0.4 分</td><td>0.5 分或更多</td><td></td></tr>
<tr><td colspan="6">总扣分</td></tr>
</table>

裁判员号码：＿＿＿＿＿＿　　裁判员签名：＿＿＿＿＿＿

裁判员评分表（自编套路）

项目____________代表队（运动员）____________评分____________

<table>
<tr><td rowspan="2">评分因素与分值</td><td rowspan="2">扣分内容</td><td colspan="3">扣分（加分）要点提示</td><td rowspan="2">扣分</td></tr>
<tr><td>一般</td><td>较差</td><td>不可接受</td></tr>
<tr><td rowspan="6">动作的设计（5分）</td><td>入球、收球和空拍</td><td colspan="3">无抛球扣0.05分；无收球扣0.05分；空拍扣0.5分</td><td></td></tr>
<tr><td>动作类别</td><td colspan="3">摆绕类、捻翻类、摆抛类、绕抛类动作，每缺一类扣0.05分</td><td></td></tr>
<tr><td>难度动作</td><td colspan="3">A、B、C组动作分别至少完成4个、7个、4个，每缺一个分别扣0.1分、0.2分、0.3分</td><td></td></tr>
<tr><td>抛接球</td><td colspan="3">无摆抛和绕抛，分别扣0.05分；集体或双人无互抛，扣0.05分</td><td></td></tr>
<tr><td>组织编排</td><td colspan="3">集体自编套路至少有5次队形变化，少1次扣0.1分；队形变化杂乱不清晰，每出现一次扣0.05分</td><td></td></tr>
<tr><td>创新难度动作（加分）</td><td colspan="3">酌情加分</td><td></td></tr>
<tr><td rowspan="5">动作的完成（3分）</td><td>动作的正确性</td><td>扣0.1~0.3分</td><td>扣0.4~0.6分</td><td>0.7分或更多</td><td></td></tr>
<tr><td>动作与音乐节奏相谐</td><td>扣0.1~0.2分</td><td>扣0.3~0.4分</td><td>0.5分或更多</td><td></td></tr>
<tr><td>动作的熟练性</td><td colspan="3">每掉1次球扣0.05分；每掉1次拍扣0.1分；每摔倒在地1次扣0.2分</td><td></td></tr>
<tr><td>动作的规范性</td><td colspan="3">除抛接球外，每出现1次停顿、折返、托球或直线运动扣0.1分</td><td></td></tr>
<tr><td>延误捡球</td><td colspan="3">延误捡球按节奏每超过10秒，扣0.05分</td><td></td></tr>
<tr><td>动作的艺术性、表现力(2分)</td><td></td><td>扣0.1~0.2分</td><td>扣0.3~0.4分</td><td>0.5分或更多</td><td></td></tr>
<tr><td colspan="6">总扣分</td></tr>
</table>

裁判员号码：____________　　　　裁判员签名：____________

集体规定（自编）套路比赛成绩表

项目________________ 组别________________ 日期________________

序号	代表队	得分	名次
1			
2			
3			
4			
5			
……			

裁判长：________________ 记录长：________________

双人、单人套路比赛成绩表

项目________________ 组别________________ 日期________________

序号	代表队	运动员	得分	名次
1				
2				
3				
4				
5				
……				

裁判长：________________ 记录长：________________

更换运动员申请表

代表队__________________

	姓名	性别	民族	身份证号码
报名队员				
更换队员				
更换原因				
主管部门审核意见				

领队、教练签字：

日期： 年 月 日

附录四 网式柔力球比赛用表

比赛记分表

项目：__________　　　　甲方　乙方　　　　开始时间：__________

轮次：__________　　姓名：______ 对______　　结束时间：__________

比赛号：__________　　　______　______　　比赛用时：__________

日期：__________　　队名：______　______　　主 裁 判：__________

场地号：__________　　　左　右　　副 裁 判：__________

场次	比赛方	局	1	2	3	4	5	6	7	8	9	10	11	12	13	14	15	16	17	18	19	20	局点分
	甲方	1																					
		2																					
		3																					
	乙方	1																					
		2																					
		3																					

总比分：___：___甲方：______乙方：______裁判员：______记录员：______裁判长：______

团体比赛记分表

项目：____________

轮次：____________

比赛号：____________

日期：____________

场地号：____________

	甲方		乙方
队名：	______	对	______
	______		______
成员：	______		______
	左		右

开始时间：____________

结束时间：____________

比赛用时：____________

主 裁 判：____________

副 裁 判：____________

顺序	项目	队名		队名		每局比分			每盘比赛结果
						1	2	3	
1		姓名		姓名					
2		姓名		姓名					
3		姓名		姓名					
4		姓名		姓名					
5		姓名		姓名					

总比分：___：___甲方队长：______乙方队长：______裁判员：______记录员：______

裁判长：______

循环赛记分表

项目____________轮次____________组别____________日期____________

						净胜				积分	名次
						场	盘	局	分		

编排记录长　　　　时间

比赛成绩表（淘汰赛）

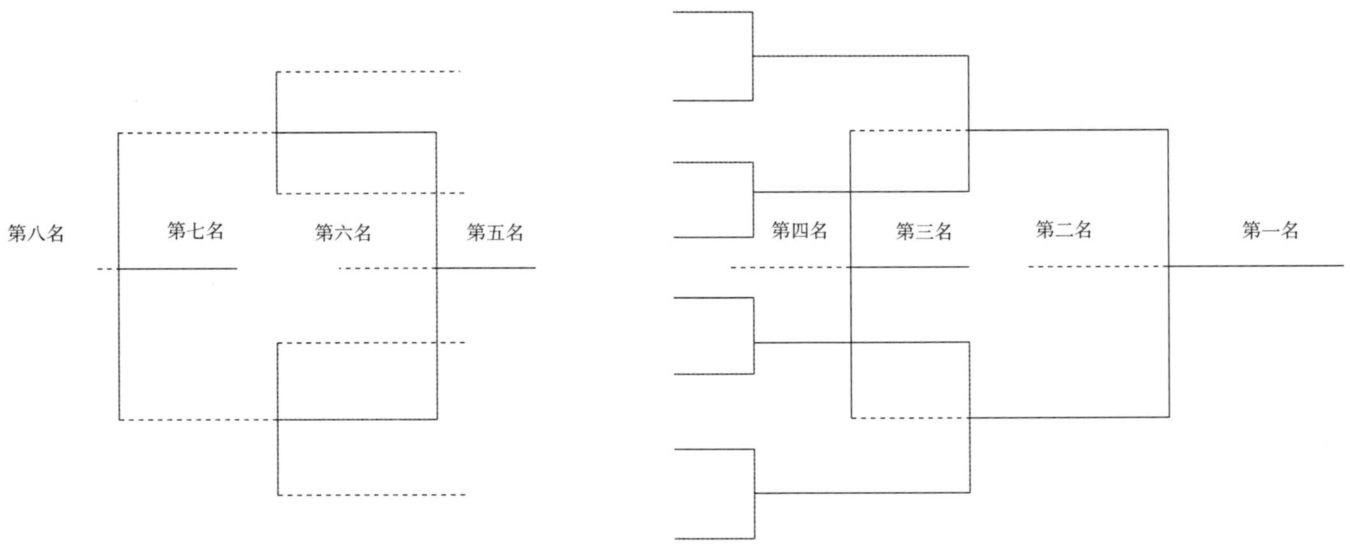